La Grammaire expliquée

par
Marcel Poirier

Beauchemin

CHENELIÈRE ÉDUCATION

La Grammaire expliquée, 3e édition

Marcel POIRIER

© 1996 Groupe Beauchemin, éditeur ltée

7001,boul. Saint-Laurent
Montréal (Québec)
Canada H2S 3E3
Téléphone: 514 273-1066
Télécopieur: 514 276-0324
info@cheneliere.ca

Nous reconnaissons l'aide financière du gouvernement du Canada par l'entremise du Programme d'aide au développement de l'industrie de l'édition (PADIÉ) pour nos activités d'édition.

ISBN: 978-2-7616-0725-4

Dépôt légal: 3e trimestre 1996
Bibliothèque nationale du Québec
Bibliothèque nationale du Canada

Imprimé au Cadada
2 3 4 5 ITG 10 09 08 07

Supervision éditoriale: René Bonenfant
Production: Carole Ouimet, Andrée Bisson
Direction artistique et mise en pages: Laurent Trudel
Correction d'épreuves: Sylvie Trottier
Photo de couverture: Jacques Pharand
Impression: Imprimerie Gagné

Table des matières

Liste des abréviations

adj.	adjectif	ind.	indicatif
adv.	adverbe	inf.	infinitif
art.	article		
attr.	attribut	masc.	masculin
aux.	auxiliaire		
		n. c.	nom commun
c.c.	complément circonstanciel	numér.	numéral
circ.	circonstanciel		
COD	complément d'objet direct	part. p.	participe passé
COI	complément d'objet indirect	part. prés.	participe présent
compl.	complément	pers.	personne
conj.	conjonction	pl.	pluriel
		poss.	possessif
déf.	défini	prép.	préposition
dém.	démonstratif	prés.	présent
déterm.	déterminant	princip.	principale
		pron.	pronom
épith.	épithète		
		qual.	qualificatif
fém.	féminin		
		sing.	singulier
indéf.	indéfini	sub.	subordonnée
indépend.	indépendante	subj.	subjonctif

Symboles utilisés

 Exemple(s)

 Note particulière

 Observation ou remarque

Introduction

La Grammaire expliquée s'adresse particulièrement aux personnes qui désirent compléter leurs études secondaires en s'inscrivant aux cours d'éducation des adultes. Mais elle se révélera tout aussi utile aux enseignants, aux secrétaires et aux étudiants.

Vous pourrez la lire du début à la fin ou utiliser l'index pour vous renseigner sur un point particulier. En parcourant page par page *La Grammaire expliquée*, vous découvrirez plus que des règles grammaticales ; les explications sont simples et claires. Un chapitre entier traitant de la phrase simple et de la phrase complexe vous permettra de résoudre vos problèmes en syntaxe. La ponctuation y est, elle aussi, abondamment traitée.

Tout au long de cette lecture, vous prendrez conscience qu'enseigner ou apprendre la grammaire française, c'est une affaire de bon sens et de logique dans la plupart des cas. Voilà pourquoi nous ne nous arrêterons pas aux nombreuses exceptions qui inondent les grammaires traditionnelles. Pour vous faciliter la maîtrise des bases de la langue française, je vous exposerai d'une manière méthodique et ordonnée les principales lois qui la régissent.

Un de mes cours télévisés avait pour titre « Comprendre avant d'apprendre ». Cette *Grammaire expliquée* vous aidera à mieux comprendre les notions fondamentales de la grammaire française. Pour y parvenir, il faudra d'abord :
- reconnaître la nature de chaque mot ;
- découvrir la fonction de chaque mot ;
- établir la relation des mots entre eux.

Vous pouvez aussi vous procurer un *Cahier d'exercices et corrigé* qui vous permettra d'évaluer vous-même vos connaissances et votre compréhension des règles présentées dans *La Grammaire expliquée*.

La Grammaire expliquée, on la lit pour se présenter à l'examen ou on la consulte quand on en a besoin. Je vous l'explique du début à la fin.

L'auteur

CHAPITRE 1

LA NATURE DU MOT

Le déterminant
Le nom
L'adjectif qualificatif
Le pronom
Le verbe
L'adverbe
La préposition
La conjonction
L'interjection

> *Pour exprimer une idée, on doit utiliser des mots. Un mot peut avoir divers sens. Ainsi, le mot **livre** peut désigner un volume [un livre : nom masculin], une unité de masse [une livre : nom féminin] ou encore l'action de livrer [je livre : verbe].*

Tous les mots que nous utilisons sont des signes qui expriment de façon concrète une idée abstraite que nous entretenons dans notre esprit. Chaque mot a une nature et une fonction.

La **nature** du mot, c'est **ce qu'il est**. Est-il un déterminant, un nom, un adjectif, un pronom, un verbe, etc. ?

La **fonction** du mot, c'est **ce qu'il fait** dans la phrase. Est-il sujet, attribut, complément, épithète, etc. ? Nous traiterons de la fonction du mot au chapitre II, page 119 et suivantes.

Il existe neuf natures de mots.

Quelles sont les cinq natures de mots variables ?

Le déterminant, le nom, l'adjectif qualificatif, le pronom et le verbe.

Quelles sont les quatre natures de mots invariables ?

L'adverbe, la préposition, la conjonction et l'interjection.

Dans les pages qui suivent, nous étudierons chacune des natures de mots variables et de mots invariables. Nous approfondirons chacune de ces natures. Par exemple, dans l'étude du verbe, nous expliquerons de façon très détaillée les trois groupes de verbes, l'accord avec le sujet, la formation des temps simples ou des temps composés, etc. Cette étude des natures de mots nous permettra d'approfondir davantage la fonction des mots.

Il est très important de connaître la nature d'un mot pour pouvoir ensuite le reconnaître dans une phrase. À chaque mot qui nous inquiète, on pose la question : **Qui es-tu ?** Quelle est ta nature ? Le sens de la phrase nous permettra de découvrir la nature des mots qui la composent.

 Page après page, nous comprendrons davantage la langue française parce que nous reconnaîtrons tous les mots dont nous nous servons pour exprimer notre pensée.

Définition[1] des neuf natures ou espèces de mots

Déterminant

Le déterminant est un mot qui détermine le nom en le précisant.
Il se retrouve habituellement devant un nom commun.

Le livre, **des** secrétaires, **ton** professeur, **quelle** rue.

Nom

Le nom est un mot qui désigne une personne, un animal, une chose,
un lieu, un moment, un sentiment, une époque, une saison, etc.

Une **lionne**, ce **tableau**, cette **matinée**, la **tristesse**, nos **hivers**, ta **fierté**.

Adjectif qualificatif

L'adjectif qualificatif est un mot qui donne une qualité ou une
distinction au nom ou au pronom. C'est un mot d'accompagnement
du nom ou du pronom indiquant la manière d'être d'un être animé ou
inanimé, ou d'une idée.

Le cahier **neuf** [qualité] ; il est **vert** [distinction] ; le chien est **fidèle** ; la pierre est **dure** ; mes suggestions sont **positives**.

Le déterminant et l'adjectif qualificatif s'accordent toujours avec le nom en genre (masculin ou féminin) et en nombre (singulier ou pluriel).

Quelle **belle** expérience ! [Fém. sing.]
Ces souliers sont **usés**. [Masc. plur.]

---

1. Notons ici que les définitions seront très générales. Les cas particuliers feront l'objet d'explications subséquentes.

PRONOM

En règle générale, le pronom est un mot qui remplace le nom.
Il prend le genre et le nombre du nom remplacé.

Élodie prépare un repas ; **elle** nous **y** invite.

Le pronom peut aussi remplacer une phrase entière.

Rolande m'a dit : « J'ai été opérée hier. » Je lui ai répondu : « Je **le** savais. »
[Le pronom **le** remplace la phrase précédente : « J'ai été opérée hier ».]

Au chapitre sur le pronom, nous expliquerons davantage certaines nuances relatives à l'emploi de cette nature de mot.

VERBE

Le verbe est un mot qui exprime soit une action faite par le sujet (forme active) ou subie par le sujet (forme passive), soit un état.

Le professeur **explique** le texte. [Forme active]
Le texte **est expliqué** par le professeur. [Forme passive]
L'éléphant **est** intelligent. [État]

Quand nous parlerons de la nature du verbe, nous expliquerons davantage les formes active et passive.

ADVERBE

En règle générale, l'adverbe est un mot qui modifie le sens d'un verbe, d'un adverbe ou d'un adjectif. Il peut aussi modifier le sens de toute une phrase.

Paul chante **souvent**, mais il parle **très rarement**. Son attitude lui confère une allure **très** sérieuse.
Autrefois, ma mère fredonnait des chansons de Félix Leclerc et de Gilles Vigneault.

PRÉPOSITION

> *La préposition est un mot qui amène un complément.*
> *Le mot **préposition** signifie **en position devant un complément**.*
> *Elle est invariable.*

 Paul est fier **de** ses succès ; il travaille **pour** réussir.

CONJONCTION

> *La conjonction est un **mot qui unit** deux mots, deux groupes de mots*
> *ou deux propositions de même nature ou de même fonction. Elle est*
> *invariable.*

 Paul et **Louise** travaillent dans le même secteur.
[La conjonction **et** unit deux mots de même nature.]

Les employés de la ville ou **ceux de la région** participeront
au colloque provincial.
[La conjonction **ou** unit deux groupes de mots.]

Le chasseur a visé le lièvre, mais **il ne l'a pas tué**.
[La conjonction **mais** unit deux propositions entre elles.]

INTERJECTION

> *L'interjection est une réaction vive exprimée par un ou plusieurs*
> *mots et traduisant un avertissement, une douleur, un doute,*
> *un étonnement ou simplement un sentiment de l'âme. Elle est*
> *invariable.*

 Oh ! Ah ! Aïe ! Halte ! Bon ! Silence ! Diable ! Ouf ! Voilà ! Pas vrai !
Tu parles !

L'interjection, employée en début de phrase, est suivie d'un point d'exclamation, mais elle n'exige pas, au mot qui suit, la majuscule.

 Ouf ! c'est fini.

Le déterminant

Le déterminant est un mot qui détermine le nom. Qu'il soit article ou adjectif, il précise le nom. On le trouve habituellement devant le nom commun.

DÉTERMINANT ARTICLE

L'article est un mot variable qui se rapporte au nom en le précisant de façon claire ou plutôt vague. Il en indique le genre et le nombre. Il ne s'emploie jamais seul.

Il existe trois sortes d'articles :

l'article défini, l'article indéfini et l'article partitif.

Nous apprendrons à reconnaître chacun de ces articles en les utilisant dans des exemples.

L'article défini

L'article défini se place devant un nom dont le sens est bien déterminé.

L'article défini se présente sous trois formes différentes :
- article défini simple ;
- article défini élidé ;
- article défini contracté.

• **Les articles définis simples sont :** *le, la, les.*

Les livres sont usagés.
Les chaises du bureau sont occupées.

Quand je dis « les chaises », je précise que toutes les chaises sont occupées. Le déterminant **les** est un article défini simple.

La femme que j'ai rencontrée m'a souri.

En disant « la femme », je parle de telle femme en particulier. Le déterminant **la** est un article défini simple servant à représenter une chose ou un être déjà connu qui est déjà présent dans la phrase ou dans la pensée.

• L'article défini élidé : l'

Quand le nom commence par une voyelle ou un **h** muet, le **e** ou le **a** de l'article défini singulier est élidé, c'est-à-dire enlevé, supprimé.

 Je suis allé à **l'**école.

La lettre **a** de **la** est supprimée pour éviter la rencontre de deux voyelles.

Voici d'autres exemples :

> **L'**habit de **l'**élève est taché.
> [**Le** habit de **le** élève est taché.]
>
> **L'**élève, **l'**âme, **l'**escalier, **l'**ange, **l'**habitude.
> [**Le** élève, **la** âme, **le** escalier, **le** ange, **la** habitude.]

• L'article défini contracté

Enfin, il y a l'article défini contracté où deux mots ont été fusionnés pour donner un seul mot. Ce sont : **au** [à le]   **aux** [à les]
                                                du [de le]   **des** [de les]

 Ma sœur est allée **au** centre commercial.
                          [à le]

> Nous sommes allés **aux** olympiades de Montréal.
>   [à les]
>
> Ma sœur arrivait **du** centre commercial.
>   [de le]
>
> Nous reviendrons fatigués **des** courses.
>   [de les]

L'article indéfini

> *L'article indéfini se place devant un nom qui désigne un ou*
> *plusieurs êtres vagues, imprécis ou indéterminés.*

• Les articles indéfinis sont : *un, une, des.*
Prenons un exemple. J'entre dans une classe et je constate que **des** chaises sont occupées. En disant « des » chaises, j'exprime que ce ne sont pas toutes les chaises qui sont occupées. Je ne précise pas le nombre de chaises qui sont prises : il se peut qu'il y en ait cinq, dix, vingt, plus ou moins. Le mot **des** ne précise pas ce nombre. C'est justement pour cela qu'on l'appelle « article indéfini ».

Autre exemple : Je demande à Catherine d'ouvrir **des** fenêtres. Combien en ouvrira-t-elle ? Je l'ignore. Le mot **des** est appelé « article indéfini » parce qu'il détermine de manière plus ou moins précise le nombre de fenêtres qu'elle ouvrira.

Des est le pluriel de **un** ou de **une**.

Avant de passer à une autre sorte d'article, il faut bien distinguer l'article défini et l'article indéfini.

> **Les** fenêtres de la classe sont fermées. [Toutes les fenêtres de la classe le sont.]
> **Des** fenêtres de la classe sont fermées. [Certaines fenêtres le sont.]

C'est lorsque nous comprenons le sens de chaque mot que nous pouvons vraiment apprécier la richesse de notre langue française.

L'article partitif

> *L'article partitif sert à indiquer qu'on ne parle que d'une partie indéterminée de l'être désigné. Que cet être soit concret [gâteau] ou qu'il soit abstrait [courage, force, justice], l'article partitif ne précisera qu'une quantité non décomposable ou qui ne peut pas se compter.*

> J'ai mangé **du** gâteau. [Une partie du gâteau : quantité indéterminée.]
> Il faut **du** courage pour parvenir à ses fins. [Il faut une certaine dose de courage : quantité indéterminée.]
> Prenez **des** confitures. [Vous en prendrez une certaine quantité ; **des** désigne encore une quantité indéterminée : article partitif.]

• **Les articles partitifs sont :** *du, de la, des.*

Quand je dis : « J'ai mangé **du** gâteau », je veux dire que j'ai mangé une partie du gâteau.

Quand je dis : « Prenez **des** confitures », je vous invite à en prendre une certaine quantité.

> Pour conclure sur l'article, observons un exemple qui nous aidera à distinguer l'article indéfini de l'article défini contracté et de l'article partitif.

> Ce matin, j'ai cueilli **des** pommes **des** pommiers de mon père et, au dîner, j'ai mangé **des** épinards.

Le premier **des** détermine des objets [les pommes] dont je ne précise pas le nombre. Il est donc un article indéfini. Le deuxième **des** remplace **de les** [pommiers]. Il est donc un article défini contracté. Enfin, le mot « épinards » désigne un objet qui ne se compte pas ; le **des** placé devant est un article partitif.

D ÉTERMINANT ADJECTIF

> *Le déterminant adjectif est un mot variable qui se place devant le nom pour le déterminer, pour le préciser.*

Il y a six sortes de déterminants adjectifs :

l'adjectif démonstratif, l'adjectif possessif, l'adjectif numéral, l'adjectif indéfini, l'adjectif interrogatif et l'adjectif exclamatif.

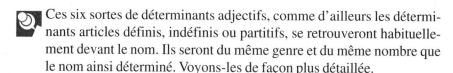

Ces six sortes de déterminants adjectifs, comme d'ailleurs les déterminants articles définis, indéfinis ou partitifs, se retrouveront habituellement devant le nom. Ils seront du même genre et du même nombre que le nom ainsi déterminé. Voyons-les de façon plus détaillée.

L'adjectif démonstratif

> *L'adjectif démonstratif détermine le nom en **montrant** l'être ou l'objet dont il s'agit. Il ajoute une **idée d'indication**.*

• **Les adjectifs démonstratifs sont :** *ce, ces, cet, cette.*

 J'ai vu **ce** tableau hier. [Ce tableau, c'est celui que je montre.]

J'ai vu **ces** tableaux hier. [Ces tableaux, ce sont ceux que je montre.]

Cet avocat est très gentil. [**Cet** précède un nom masculin commençant par une voyelle. La lettre **t** permet la liaison avec le mot « avocat ».]

Cet homme me paraît sérieux. [**Cet** précède un nom masculin commençant par une lettre muette : **h**. Cette lettre **h** ne s'entend pas. Au lieu de **ce**, nous employons **cet** pour permettre la liaison avec le mot « homme ».]

Un adjectif démonstratif s'emploie soit pour **montrer** un être ou une chose, soit pour **localiser** cet être ou cette chose dans l'espace ou dans le temps. Il peut également **faire allusion** à ce dont on a parlé précédemment.

 Je vous ai offert **ce** cadeau en guise d'appréciation pour toutes **ces** délicatesses que vous m'avez témoignées.
[**Ce** est l'adjectif démonstratif placé devant le nom masculin « cadeau ».
Ce signifie le cadeau dont on a probablement parlé précédemment.
Ces, placé devant le nom « délicatesses », est le pluriel de **cette** parce que le nom « délicatesses » est du féminin pluriel.]

L'adjectif possessif

*L'adjectif possessif détermine le nom qui suit en indiquant à qui appartient la personne, l'animal ou la chose qu'il désigne. Il ajoute une **idée de possession**.*

Les adjectifs possessifs sont :

mon	*ton*	*son*	*notre*	*votre*	*leur*	*[masc. sing.]*
ma	*ta*	*sa*	*notre*	*votre*	*leur*	*[fém. sing.]*
mes	*tes*	*ses*	*nos*	*vos*	*leurs*	*[masc. et fém. plur.]*

Ce déterminant se place toujours devant le nom en indiquant qui est le possesseur de la personne, de l'animal ou de la chose dont on parle. Comme l'article, il doit être répété devant chaque nom.

 Mon frère et **ma** sœur s'améliorent en français écrit.

Mon ami [à moi] est venu ici. **Mes** amis [à moi] sont venus ici.

Son ami [à lui ou à elle] est venu ici. **Ses** amis [à lui ou à elle] sont venus ici.

Les élèves sont venus avec **leur** mère [à eux ou à elles].
Mais : Chaque élève est venu avec **sa** mère.

Ils apporteront **leurs** livres de classe. [Ils en ont plusieurs.]

Ils apporteront **leur** dîner à la cafétéria. [Chacun a son dîner.]

En observant bien le sens de la phrase, nous différencions l'adjectif démonstratif **ces** de l'adjectif possessif **ses**. Ces déterminants sont placés devant le nom. Il en sera de même pour le déterminant **mes** placé devant le nom. On le distinguera du mot **mais**, conjonction.

 Je te montre **ces** tableaux. [Le déterminant précède le nom.]

Ces, pluriel de **ce**, de **cet** ou de **cette**, détermine le nom « tableaux » en **montrant** les tableaux.

 Pierre apporte **ses** livres. [Le déterminant précède encore le nom.]

Ses, pluriel de **son** ou de **sa**, détermine le nom « livres » en indiquant le **possesseur**.

Si, au lieu de Pierre qui apporte ses livres, nous avions précisé qu'ils étaient plusieurs, nous aurions dit : « Les élèves apportent leurs livres de classe à la maison. » [Ils en ont plusieurs.] S'ils n'ont qu'un seul livre de mathématiques, nous dirons : « Les élèves apportent leur livre de mathématiques pour faire leur devoir ». [Chaque élève a un livre et un devoir de mathématiques.]

 Distinguons bien **ces** de **ses** ; il s'agit de deux homophones, c'est-à-dire deux mots qui se prononcent de la même façon. Le sens de la phrase nous permettra de choisir le bon déterminant adjectif : **ces** ou **ses**.

L'adjectif numéral

L'adjectif numéral cardinal précise le nombre. Il est invariable.
L'adjectif numéral ordinal indique le rang, l'ordre ou la fraction.
Il s'accorde en genre et en nombre comme l'adjectif qualificatif.

Dans le 1er cas, l'adjectif numéral cardinal indique la quantité :

Lisez les **quatre** lettres.

Dans le 2e cas, l'adjectif numéral ordinal indique l'ordre, le rang :

Lisez la **quatrième** lettre.

 J'ai choisi **six** élèves qui ont bien travaillé. [Nombre]
J'ai parlé au **sixième** élève de la rangée. [Ordre, rang]

Dans le premier exemple, le nombre **six** est un déterminant numéral cardinal, car il détermine le nom « élèves » en indiquant son nombre.

Dans le deuxième exemple, l'adjectif numéral ordinal pourrait se mettre soit au singulier, soit au pluriel.

Comparons les phrases suivantes :

 Le **sixième** élève de chaque rangée viendra devant la classe.
Les **sixièmes** élèves des rangées viendront devant la classe.

Vous voyez la différence entre ces deux phrases ? Laissez-vous guider par le sens. Dans chacune de ces phrases, il existe deux déterminants placés devant le nom : le déterminant article défini (**le** ou **les**) et le déterminant adjectif numéral (**sixième** ou **sixièmes**).

L'exemple suivant vous convaincra d'agir avec logique :

 Les **deuxième** et **troisième** règles grammaticales seront alors expliquées.

Pourquoi **deuxième** et **troisième** au singulier ? Parce que, selon le sens, il s'agit de la deuxième règle et de la troisième règle. Comme nous parlons de deux règles, nous utilisons le déterminant **les** devant le nom « règles » au pluriel. Mais il n'y a qu'une deuxième règle et une troisième règle. Voilà pourquoi nous devons écrire : « les deuxième et troisième règles grammaticales ». Une autre affaire de bon sens, n'est-ce pas ?

CAS PARTICULIERS

Vingt

*L'adjectif numéral **vingt** prend la marque du pluriel s'il est multiplié par le nombre quatre et s'il n'est pas suivi d'un autre nombre.*

 Dans la salle, il y avait quatre-**vingts** personnes.
$$4 \times 20 = 80$$

Si **vingt** est suivi d'un autre nombre, il restera invariable.

 Il y avait quatre-**vingt**-sept étudiants ; j'en avais compté quatre-**vingt**-un.
$$80 + 7 = 87 \qquad 80 + 1 = 81$$

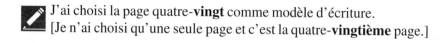

Toutefois, si l'expression **quatre-vingt** signifie **quatre-vingtième**, le nombre **vingt** reste invariable.

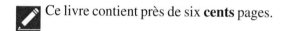

J'ai choisi la page quatre-**vingt** comme modèle d'écriture.
[Je n'ai choisi qu'une seule page et c'est la quatre-**vingtième** page.]

Dans les adjectifs numéraux composés, on joint les nombres inférieurs à **cent** par un trait d'union. Ce sont les nombres **dix-sept** à **quatre-vingt-dix-neuf**.

Trente-trois ; cinquante-six ; soixante-dix ; quatre-vingt-dix-sept.

Toutefois, les nombres **vingt et un, trente et un, quarante et un, cinquante et un, soixante et un, soixante et onze** sont reliés par **et** et perdent le trait d'union.

Cent

*L'adjectif numéral **cent** prend la marque du pluriel s'il est précédé d'un adjectif numéral qui le multiplie et s'il n'est pas suivi d'un autre nombre.*

Ce livre contient près de six **cents** pages.

Si **cent** est suivi d'un autre nombre, il reste invariable.

Ce livre contient six **cent** quarante pages.

Si **cent** signifie **centième**, il reste invariable.

J'ai choisi la page deux **cent** comme modèle d'écriture.
[Je n'ai choisi qu'une seule page et c'est la deux **centième** page.]

Il n'y a pas de trait d'union avant ni après l'adjectif numéral cent.

Deux cent vingt-six ; trois cent quatre-vingt-dix-huit.

Mille

▎ *L'adjectif numéral **mille** est **toujours invariable**.*

 Nous avons rencontré trois **mille** deux cent quatre-vingts partisans.

Dans cette phrase, **mille** est un nombre invariable ; **cent** aussi est invariable parce qu'il est suivi d'un autre nombre. Par contre, **vingt** prend la marque du pluriel parce qu'il est multiplié par un nombre et n'est pas suivi d'un autre nombre. **Il n'y a pas de trait d'union avant ni après le nombre mille** comme dans la règle de **cent**.

Quand on parle d'années après Jésus-Christ, l'usage de **mille** au lieu de **mil** devient de plus en plus fréquent. Toutefois les deux formes sont acceptées.

 En **mille** [mil] neuf cent quatre-vingt, nous avons visité l'Europe et une partie de l'Afrique.

 Pourquoi **vingt** s'écrit-il ici au singulier ? Parce qu'on ne désigne qu'une seule année : c'est la mille [mil] neuf cent quatre-vingtième année.

Toutefois, on écrit **mille** au complet quand il n'est pas suivi d'un autre nombre.

 L'an **mille** et l'an deux **mille**.

 Mille, signifiant la mesure itinéraire en usage dans plusieurs pays, est un nom et peut prendre la marque du pluriel : dix **milles** anglais font environ seize kilomètres. Comme **mille** est ici un nom et non pas un nombre, il s'accorde si son déterminant est pluriel : un **mille** à pied ; à cinq **milles** d'ici. Attention également aux noms **millier, million, milliard** qui varient au pluriel : Il a gagné cinq **millions** six cent mille dollars à la Loto. [**Millions** est un nom du pluriel ; **cent**, suivi d'un nombre, est invariable ; et **mille** est un nombre toujours invariable]. Rappelons-nous qu'avant et après les nombres **cent** et **mille**, il n'y a pas de trait d'union.

L'adjectif indéfini

▎ *L'adjectif indéfini détermine le nom d'une manière plutôt vague ou indéfinie. Il précise peu le nom.*

Les principaux adjectifs indéfinis sont:

aucun, autre, certain, chaque, maint, même, nul,
plusieurs, quel, quelconque, quelque, tel, tout.

 Elle a ouvert **plusieurs** fenêtres au sous-sol.
J'ai rencontré **quelques** conseillers municipaux.

Dans ces phrases, **plusieurs** et **quelques** ne précisent pas le nombre de fenêtres ou de conseillers dont on parle. Voilà pourquoi on les appelle « déterminants adjectifs indéfinis ». Ils se placent toujours devant le nom qu'ils déterminent et prennent le genre et le nombre du nom auquel ils se rapportent.

Voici quelques précisions sur l'usage des adjectifs indéfinis les plus fréquents.

Certain

L'*adjectif indéfini* **certain** *signifie «quelque» ou «quelconque».*

 Un **certain** jour, nous nous sommes parlé. [Indéfini]
Certains auditeurs reconnaissent ma voix au téléphone. [Indéfini]

Déterminant adjectif indéfini, il précède le nom et prend le genre et le nombre du nom qu'il détermine de façon plus ou moins précise.

Aucun

L'*adjectif indéfini* **aucun** *signifie «quelque» dans les propositions interrogatives ou subordonnées qui expriment le doute.*

 Avez-vous **aucun** objet à lui donner?
Je doute que vous ayez **aucune** remarque à lui adresser.

Accompagné de la négation ou de la préposition «sans», **aucun** signifie «pas un, nul».

 Aucun succès n'a pu récompenser ses efforts. Il a réussi sans **aucune** difficulté.

 Notons ici que **aucun**, employé devant un nom inusité au singulier, prendra la marque du pluriel comme le nom qu'il détermine.

 Aucuns frais [nom toujours pluriel] ne seront perçus à l'inscription.
Il n'a assisté à **aucunes** funérailles [nom toujours pluriel].

Chaque

> *L'adjectif indéfini chaque est toujours du singulier comme le nom qu'il accompagne. Il a le sens de « tous, pris séparément, individuellement ». Il exprime alors une idée de répartition.*

 Chaque individu a ses défauts. **Chaque** parole mérite d'être pensée.

Notons l'exemple suivant :
Ces livres coûtent dix dollars **chacun** [et non pas : Ces livres coûtent dix dollars chaque]. **Chacun** est pronom et remplace le nom « livres » alors que **chaque** est adjectif indéfini et se place devant le nom.
Remarquons encore que **chaque** est toujours au singulier ainsi que le nom qui suit.

 Chaque individu fait des efforts. **Chacun** se réjouira de ses succès.

Tel

> *L'adjectif indéfini **tel** peut s'employer de diverses façons.*

 – Il marque la comparaison :
   Tel père, **tel** fils. [Tel qu'est le père, tel est le fils.]

– Il sert à attirer fortement l'attention :
   Il faudra, dans de **tels** cas, réagir rapidement.

– Dans un rapport à rédiger, il permet de résumer les faits :
   Telles sont les rectifications à apporter dans les circonstances.

– Placé devant le nom sans article, il désigne un objet d'une manière plutôt vague :
   En **telle** ou **telle** occasion, il faut procéder de **telle** ou **telle** façon.
   Adoptez **telle** ou **telle** tactique, le résultat restera le même.

Tel quel ou **telle quelle** s'emploient au sens de « tel qu'il est » ou de « telle qu'elle est » et détermine le nom :
En voyant les dommages, j'ai laissé les choses **telles quelles**.

Notez que la conjonction **comme** réfère à toute une proposition : « Comme promis, je vous retourne vos documents. » plutôt que tel que promis.

S'il s'agit de l'expression **tel que, tel** s'accordera avec le nom qui précède : Les fleurs d'automne, **telles** que le dahlia et l'aster, sont fort appréciées chez nos pépiniéristes. [Accord avec le nom « fleurs », féminin pluriel.] Je vous jure que les faits sont **tels** que je vous les ai racontés. [Accord avec le nom « faits », masculin pluriel.] Les situations sont devenues **telles** que je ne peux plus attendre. [Accord avec le nom « situations », féminin pluriel.]

Ainsi, nous dirons : « Les explications **telles** qu'elles me furent présentées m'ont satisfait. » Nous dirons encore : « Plusieurs langues **telles** que le latin et le grec sont moins employées de nos jours. » [**Telles** détermine le nom « langues ».]

L'adjectif interrogatif

L'adjectif interrogatif détermine le nom en posant une question.

Dans **quelle** rue votre entreprise est-elle située ?
Quel âge a ta mère ?
Quel professeur t'a enseigné l'an dernier ?

Dans la réponse à la première question, l'adjectif interrogatif **quelle** est supprimé :

Notre entreprise est située dans la rue Sauriol.

[Le déterminant adjectif interrogatif **quelle** est remplacé par le déterminant article défini **la**.]

Reconnaissez le déterminant adjectif interrogatif : on le retrouve devant le nom qu'il détermine en posant une question. Il prend le genre et le nombre du nom. Il fait partie du groupe nominal, c'est-à-dire le groupe du nom : déterminant, nom et adjectif qualificatif.

L'adjectif exclamatif

L'adjectif exclamatif détermine le nom en exprimant l'étonnement, la joie, l'admiration, l'indignation, la surprise.

Quels paysages splendides !
Quelle joie de vous revoir !
Quel magnifique spectacle vous nous avez offert !

Reconnaissez le déterminant adjectif exclamatif : on le retrouve devant le nom qu'il détermine en exprimant la surprise, la joie, l'étonnement. Comme l'adjectif interrogatif, il prend le genre et le nombre du nom qu'il détermine. Il fait partie du groupe nominal, c'est-à-dire le groupe du nom : déterminant, nom et adjectif qualificatif.

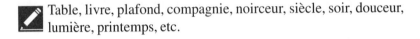

Le nom

Le nom, appelé aussi « substantif », est un mot variable qui désigne les êtres animés ou les choses. Les choses comprennent non seulement des objets mais aussi des sentiments, des lieux, des moments, etc.

Ⓝom commun

Le nom commun est un mot qui désigne plusieurs êtres ou plusieurs objets de la même espèce.

 Table, livre, plafond, compagnie, noirceur, siècle, soir, douceur, lumière, printemps, etc.

S'il s'agit d'un nom qui désigne une personne, un animal ou une chose, vous verrez probablement devant lui un déterminant. Ces deux espèces de mots [**déterminant et nom**] seront du même genre [**masculin ou féminin**] et du même nombre [**singulier ou pluriel**].

 Les fleurs du jardin sont magnifiques.

On omet le déterminant :

• **dans certaines expressions :**

 Avoir honte, se rendre compte, perdre pied, les us et coutumes, les allées et venues, dur comme fer, blanc comme neige, en public, à volonté, en dernier lieu, etc.

• **dans certains proverbes :**

Pierre qui roule n'amasse pas mousse.
Qui prend mari prend pays.
À bon entendeur, salut !

• **dans des énumérations suivies d'un pronom récapitulatif :**

 Hommes, femmes, enfants, tous étaient invités à la fête.

CAS PARTICULIERS

Gens

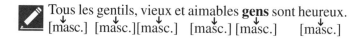

Le mot **gens** est un nom commun pluriel tantôt féminin, tantôt masculin.

Si un adjectif placé immédiatement devant **gens** se termine par une syllabe muette, comme les adjectifs *aimables, enviables, respectables, sincères*, cet adjectif et tous ceux qui le précèdent seront au masculin.

Tous les gentils, vieux et aimables **gens** sont heureux.
[masc.] [masc.][masc.] [masc.] [masc.] [masc.]

Inversons les deux adjectifs *aimables* et *vieux*. L'adjectif *vieux* fait au féminin *vieilles*. Cet adjectif ainsi que tous ceux qui le précèdent prendront le genre et le nombre féminin pluriel. Nous obtiendrons alors : *Toutes les gentilles, aimables et vieilles gens sont heureux.* À noter que l'adjectif *heureux*, placé après **gens** garde le genre masculin.
Placé devant le mot **gens** par inversion, l'adjectif ou le participe reste du masculin comme s'il était placé normalement après le nom.

Les gentilles **gens** partis très tôt sont fiers de leur aventure.

Si l'on met *partis très tôt* en tête de phrase devant le mot **gens**, on produit une inversion. Le participe *partis* restera masculin pluriel comme s'il avait gardé sa position derrière le mot.

Partis très tôt, les gentilles **gens** sont fiers de leur aventure.
[masc.] [fém.] [masc.]

Le mot **gens** désigne parfois une profession ou une catégorie d'individus : **gens de lettres, gens d'épée, gens d'affaires, gens de robe**, etc. Les adjectifs ou les participes qui s'y rapportent, quelle que soit leur place, se mettent au masculin pluriel.

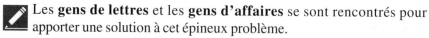
Les **gens de lettres** et les **gens d'affaires** se sont rencontrés pour apporter une solution à cet épineux problème.
Ces mauvais **gens d'affaires** servent mal leur clientèle.
[masc. plur.]

N OM PROPRE

*Le nom propre désigne telle personne, tel animal ou tel objet en particulier. Il prend toujours une **majuscule**.*

Mon amie m'a dit: « **Éric**, viens me voir à la maison. »
[n. c.]   [n. propre]   [n. c.]

Mon chien **Kiki** n'est pas méchant même s'il jappe fort.
[n. propre]

Le nom propre peut aussi désigner les habitants d'une ville, d'une province, d'un pays, ou encore des astres, des planètes, etc.

Les Montréalais, les Québécois, les Canadiens, la Grande Ourse, Jupiter, Saturne, le Soleil, la Terre.

Le nom propre s'accorde-t-il en nombre ou ne s'accorde-t-il pas?

• **Il reste au *singulier* quand il désigne:**

– **la personne elle-même:**

Les Hugo, les Lamartine et les Corneille ont composé des œuvres magnifiques.

– **des familles entières non illustres:**

Les Dupont et les Zanella sont en voyage chez les Tremblay au Saguenay.

• **Il prend la marque du *pluriel* s'il désigne:**

– **des familles illustres:**

Les Bourbons et les Césars ont marqué leur époque.

– **des personnes prises comme modèles:**

Les Pasteurs et les Einsteins sont rares aujourd'hui.

Toutefois, quand le nom propre désigne une œuvre, il s'écrit indifféremment **au singulier ou au pluriel**.

J'ai acheté deux Larousse [ou deux Larousses].
Il s'est procuré deux Picasso [ou deux Picassos].

L'emploi de la majuscule ou de la minuscule

> *Les noms propres désignant des peuples, des races ou les habitants d'une région prennent la **majuscule**.*

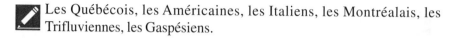 Les Québécois, les Américaines, les Italiens, les Montréalais, les Trifluviennes, les Gaspésiens.

Les noms propres employés comme adjectifs prennent la **minuscule**.

 La langue **française**, le drapeau **canadien**, le peuple **espagnol**. J'ai fort apprécié ces repas **gaspésiens**.

Toutefois, si un nom de peuple est un nom composé contenant un adjectif, seul le nom prendra la majuscule. Entre le nom et l'adjectif : pas de trait d'union.

 Les Canadiens **français**, les Canadiens **anglais**, les Basques **français**.

Enfin, tous les noms désignant la langue d'un peuple prennent une minuscule.

 Le **français** est une langue précise. On dit que le **chinois** nécessite l'étude de multiples caractères.

NOM CONCRET

> *Le nom concret désigne des réalités matérielles, des objets qui sont perçus par les sens.*

 Chaise, lampe, fleur, chien, laboureur.

Il peut aussi désigner des « phénomènes naturels » tels que la **pluie**, le **vent**, l'**orage**.

NOM ABSTRAIT

> *Le nom abstrait désigne une qualité, une propriété, un sentiment ou tout ce qui n'a pas d'existence matérielle.*

 Blancheur, clarté, faiblesse, résistance, bonté, force, soirée.

Il peut aussi désigner un concept, une idée.

 L'âme, l'idéal, l'aventure.

NOM COLLECTIF

Le nom collectif désigne un ensemble ou une collection de personnes, d'animaux, de choses de même espèce.

 Foule, bande, nuée, tas, brassée, caravane.

Le verbe qui suit le nom collectif s'accordera-t-il avec ce nom collectif au singulier ou avec le complément du nom collectif au pluriel ?

En règle générale, le verbe reste au singulier quand le collectif est précédé d'un article défini, d'un adjectif démonstratif ou d'un adjectif possessif. Il s'agit alors d'une perception globale.

 La foule des grévistes **se présente** à l'assemblée générale.
La nuée d'insectes **envahit** le ciel.
Cette bande de voyous **échappe** à la vigilance de la police.
Notre caravane de roulottes **s'engage** sur l'autoroute.

Si le nom collectif est précédé d'un article indéfini (*un* ou *une*), le verbe s'accordera soit avec le collectif, soit avec le complément du collectif, selon que l'un ou l'autre frappe le plus l'esprit.

 Un grand nombre d'élèves **réussissent** le test de français écrit.
Une multitude de soldats **périrent** au combat.
Une liste de joueurs blessés **s'allongeait** de jour en jour.
Une caravane de roulottes **s'engage** sur l'autoroute.

 Examinons chacun des quatre cas précités :

Est-ce le nombre qui a réussi ou les élèves qui ont réussi le test ? On pourrait remplacer **un grand nombre** par l'adverbe *beaucoup*.

Est-ce la multitude des soldats ou les soldats qui ont péri ? Ce sont les **soldats** qui périrent.

Est-ce la liste qui s'allongeait ou les joueurs blessés qui s'allongeaient ? Le sens nous permet de déterminer que c'était la **liste** qui s'allongeait.

L'article indéfini **une**, précédant le collectif caravane, fait accorder le verbe avec le collectif plutôt qu'avec son complément. C'est le sens de la phrase qui doit nous guider.

 Avec les collectifs **la plupart, trop de, combien de, quantité de**, etc., le verbe prend *toujours* la marque du pluriel.

NOM COMPOSÉ

Le nom composé est formé de plusieurs mots qui désignent un être ou un objet unique dans la pensée.

 Un garde-chasse, un rouge-gorge, un chef-d'œuvre.

Que devient le nom composé quand il est au **pluriel** ?
En règle générale, seuls le nom et l'adjectif prennent la marque du pluriel.

 Les choux-raves, les coffres-forts, les blancs-becs, les beaux-arts.

Mettons un peu d'ordre dans tout cela. Allons-y cas par cas.

1. Le nom composé est formé de **deux noms**. Les deux noms unis par un trait d'union prennent la marque du pluriel.

 Des chiens-loups. Cinq choux-navets. Des martins-pêcheurs.

2. Le nom composé est formé **d'un nom** et **d'un adjectif**. Le nom et l'adjectif prennent tous les deux la marque du pluriel.

 Des plates-bandes, des basses-cours, des coffres-forts.

3. Le nom composé est formé de **deux noms réunis par une préposition** et dont le second est complément du premier. Seul le premier nom prend la marque du pluriel.

 Des chefs-d'œuvre. [Ce sont des chefs de l'œuvre réalisée.]
Des arcs-en-ciel. [Ce sont des arcs produits dans le ciel.]

Attention ! Certains mots avec un déterminant pluriel restent invariables à cause du sens sous-entendu des expressions.

 Des coq-à-l'âne [propos décousus qui vont du coq à l'âne].
Des tête-à-tête [entretiens où l'on parle tête à tête].
Des pied-à-terre [habitations où l'on met le pied à terre].

4. Le nom composé est formé **d'un nom** et **d'un verbe**. Le verbe reste invariable, mais le nom prendra ou ne prendra pas la marque du pluriel selon le sens.

Des prie-Dieu [meuble sur lequel on s'agenouille pour prier Dieu].
Des abat-jour [pièce de mobilier pour abattre le jour].
Un ou des cure-dents [objet pour se curer les dents].

5. Le nom composé est formé **d'un nom** et **d'une préposition** ou **d'un adverbe**. Le nom prend la marque du pluriel, mais la préposition et l'adverbe restent invariables.

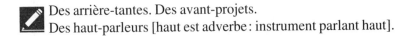

Des arrière-tantes. Des avant-projets.
Des haut-parleurs [haut est adverbe : instrument parlant haut].

6. Le nom composé n'est formé **ni d'un nom ni d'un adjectif**. Ce sont des verbes, des adverbes, des prépositions ou des conjonctions ; ils ne prennent pas la marque du pluriel.

Des passe-partout. Des va-et-vient. Des laissez-passer.
Des on-dit. Des pince-sans-rire.

En dehors de ces grandes règles, il nous faut saisir le sens du nom composé pour savoir si nous devons employer le singulier ou le pluriel.

Ainsi, dans les exemples qui suivent, nous nous posons la question :
À quoi sert cet objet ou ces objets ?

OBJET		UTILITÉ
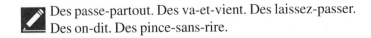 Un ou des essuie-mains	→	pour s'essuyer les mains.
Un ou des réveille-matin	→	pour se réveiller le matin.
Un ou des compte-gouttes	→	pour compter les gouttes.
Un ou des timbre[s]-poste	→	pour un envoi par la poste.
Un ou des abat-jour	→	pour abattre la lumière du jour.

Voici une autre liste de noms composés. Essayez de comprendre le pourquoi de leur orthographe.

un casse-noisettes   un porte-allumettes
un pèse-lettres   un tue-mouches
un va-nu-pieds   des porte-bonheur
un pare-chocs   des porte-monnaie

Avez-vous constaté que c'est le bon sens qui dicte l'orthographe de ces noms composés ? Il en est souvent ainsi dans la langue française.

CAS PARTICULIERS

Garde

> Le mot **garde** peut être un nom ou un verbe. Dans un nom composé, le mot garde se met au pluriel si le nom composé désigne une **personne** ; il a alors le sens de « gardien ».

 Des garde**s**-malades.

Dans un nom composé qui désigne un **objet**, le mot **garde** est un verbe et demeure **invariable**.

 Des garde-manger [ils servent à garder les aliments].
Des garde-boue [ils servent à protéger de la boue].
Des garde-robes [ils servent à garder les vêtements].

Grand

> Quand le mot **grand** apparaît dans un nom composé, on recommande de lui mettre un s au **pluriel**, que ce nom soit du masculin ou du féminin.

 Mes grand**s**-mères et mes grands-pères sont tous décédés.
Les grand**s**-tantes et les grands-oncles nous ont visités.

 Les grammairiens ne s'entendent pas tous sur l'accord du mot grand au féminin dans les noms composés. Nous nous rallions à la position de l'Académie française.

En faisant des exercices, vous verrez que ces règles deviendront claires et faciles à appliquer. Avant tout, utilisez votre bon sens et votre logique.

Le nom composé soudé en un seul mot

Ajoutons que certains noms composés sont soudés en un seul mot. L'usage du dictionnaire éliminera tout doute.

 Des bonjours, des passeports, des gentilshommes, des pourboires.

OMS EMPRUNTÉS AUX LANGUES ÉTRANGÈRES

En règle générale, les noms empruntés aux langues étrangères prennent un **s** lorsqu'un usage fréquent les a francisés.

Voici une liste de noms pluriels employés fréquemment :

des agendas	des albums	des aléas	des alléluias
des alibis	des alinéas	des apartés	des bénédicités
des biftecks	des bonis	des bravos	des concertos
des déficits	des dominos	des duos	des duplicatas
des embargos	des fac-similés	des imbroglios	des macaronis
des mémentos	des opéras	des panoramas	des pensums
des quatuors	des quiproquos	des reliquats	des spécimens
des ténors	des trios	des wagons	des zéros

Certains mots latins, dans le domaine liturgique, restent invariables :

 Des Ave, des gloria, des Pater, des Te Deum, des miserere, des stabat mater.
[L'Académie française tolère les pluriels *alléluias* et *bénédicités*.]

Toutefois, on écrira :

un maximum	→	des maximums	ou des maxima
un minimum	→	des minimums	ou des minima
un erratum	→	des erratums	ou des errata
un soprano	→	des sopranos	ou des soprani
un solo	→	des solos	ou des soli

 Parmi les noms composés, certains mots étrangers tels que *post-scriptum* et *in-folio* restent invariables. Un coup d'œil dans le dictionnaire vous apportera la bonne solution.

Noms TOUJOURS AU PLURIEL

Il serait important de connaître certains noms employés fréquemment et qui ne s'écrivent qu'au pluriel :

abois	aguets	alentours	annales	archives
armoiries	arrérages	confins	décombres	dépens
entrailles	fiançailles	frais	funérailles	mœurs
obsèques	prémices	ténèbres	représailles	félicitations

Mots INVARIABLES EMPLOYÉS COMME NOMS

Enfin, pour terminer l'exposé sur les noms, soulignons que certains mots invariables tels que la préposition et la conjonction ne prennent pas la marque du pluriel lorsqu'ils sont employés comme noms.

 Les *si*, les *car*, les *cependant* abondent souvent dans les compositions.

Toutefois, certains verbes employés comme noms prendront la marque du pluriel.

 Des **rires** fusent de partout.
Les **dîners** nous sont arrivés chauds.
Les **boires** du bébé sont réguliers depuis quelque temps.

Il en sera ainsi également pour les prépositions *avant, devant, derrière*, etc.

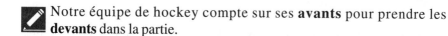 Notre équipe de hockey compte sur ses **avants** pour prendre les **devants** dans la partie.

Remarquez les prépositions et les infinitifs employés comme noms ; ils sont précédés d'un déterminant. Ces noms ou substantifs seront alors influencés par le déterminant du singulier ou du pluriel.

L'adjectif qualificatif

ADJECTIF QUALIFICATIF

> *L'adjectif qualificatif est un mot qui donne une **qualité** à l'être ou à l'objet auquel il se rapporte.*
>
> *Quel que soit l'endroit où il est situé dans la phrase, l'adjectif qualificatif s'accorde toujours avec un nom ou avec un pronom. S'il ne qualifie qu'un seul nom ou un seul pronom, l'adjectif qualificatif s'accorde en genre et en nombre avec ce nom ou avec ce pronom.*

 J'ai refusé les livres très **usés** qu'on m'a offerts.

Si l'adjectif qualificatif qualifie plusieurs noms ou pronoms et que l'un d'entre eux est masculin, l'adjectif sera du masculin pluriel.

 Le marchand étalait des pommes, des tomates et des poivrons **verts**.
              [fém.]   [fém.]   [masc.] [masc. plur.]

L'adjectif qualificatif est souvent employé avec un verbe d'état. Il qualifie le nom ou le pronom que l'on retrouve comme sujet du verbe et s'accorde avec lui.

 Les employées de la ville sont **ambitieuses** et **consciencieuses.** Elles semblent très **dévouées.**

Le sens d'un adjectif qualificatif peut changer selon que l'adjectif est placé avant ou après le nom.

 Ce **pauvre** enfant n'est pas un enfant **pauvre.**
L'année **dernière**, j'ai entrepris ma **dernière** année d'études.
Napoléon n'était pas un homme **grand**, mais il fut un **grand** homme.
Ce n'est pas un homme **brave** [courageux], mais c'est un **brave** homme [bon, consciencieux].

Quand un adjectif qualifie un nom ou un pronom, il s'accorde en genre et en nombre avec ce nom ou ce pronom.

Bien que nos randonnées soient **courtes**, elles nous semblent **stimu-lantes**.

[L'adjectif *courtes* s'accorde avec le nom *randonnées* ; l'adjectif *stimulantes*, avec le pronom *elles*.]

Cet exemple est simple. Dans d'autres cas, il nous faudra utiliser notre bon sens pour accorder correctement l'adjectif.

 Il a mis ses **chaussures** de veau **cirées** avec soin.

[*Cirées* se rapporte à *chaussures* et non à *veau*.]

La formation du féminin des adjectifs qualificatifs

> *En règle générale, pour former le féminin des adjectifs, **on ajoute un e muet à l'adjectif masculin**.*

 Un joli paysage, une jolie peinture ; un mauvais choix, une mauvaise décision ; un vrai partage, une vraie répartition.

Relevons ici quelques cas particuliers qui nous causent des ennuis.

CAS PARTICULIERS

1. Les adjectifs en **eil**, **el**, **ol**, **ul**, **en**, **on**, **ot**, **et**, les adjectifs **gentil** et **paysan** ainsi que les adjectifs terminés par **s** redoublent au féminin leur consonne finale **l**, **n**, **t**, **s**, avant de prendre le **e** muet.

vermeil	→	vermeille	pareil	→	pareille
cruel	→	cruelle	mortel	→	mortelle
gentil	→	gentille	nul	→	nulle
mol	→	molle	païen	→	païenne
bon	→	bonne	sot	→	sotte
muet	→	muette	paysan	→	paysanne
gras	→	grasse	gros	→	grosse
épais	→	épaisse	las	→	lasse

Toutefois, les adjectifs suivants prendront l'accent grave sur le **e** sans redoubler leur consonne finale :

complet	→ complète	incomplet	→ incomplète	concret	→ concrète
discret	→ discrète	indiscret	→ indiscrète	inquiet	→ inquiète
replet	→ replète	secret	→ secrète	désuet	→ désuète

2. Les adjectifs en **er** et en **ier** prennent au féminin un accent grave sur le **e** qui précède le **r** :

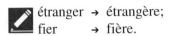

étranger → étrangère;
fier → fière.

3. Les adjectifs terminés par un **c** sonore changent leur **c** en **que** :

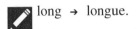

public → publique;
turc → turque.

Exceptions : grec → grecque;
sec → sèche.

Les adjectifs terminés par un **c** muet changent leur **c** en **che** :

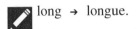

blanc → blanche;
franc → franche.

4. Les adjectifs terminés par un **g** transforment ce **g** en **gue** :

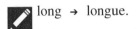

long → longue.

5. Les adjectifs terminés par un **f** changent ce **f** en **ve** :

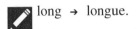

veuf → veuve;
vif → vive;
constructif → constructive.

6. Les adjectifs terminés par un **x** changent ce **x** en **se** :

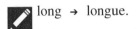

heureux → heureuse;
chanceux → chanceuse;
jaloux → jalouse.

Exceptions : doux → douce;   faux → fausse;
roux → rousse;   vieux → vieille.

7. Les adjectifs terminés en **eur** changent **eur** en **euse** :

 trompeur → trompeuse.

Exceptions : 1) Une dizaine d'adjectifs ont leur féminin en **eure** : meilleure, antérieure, ultérieure, extérieure, inférieure, supérieure, postérieure, mineure, majeure.

2) Certains adjectifs en **teur**, souvent employés comme noms, changent **teur** en **trice** : protecteur → protectrice.

8. Les adjectifs terminés en **eau** et en **ou** forment leur féminin en **elle** et en **olle** :

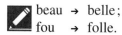 beau → belle ;
fou → folle.

9. Les adjectifs terminés par **gu** prennent au féminin un tréma sur le **e** pour indiquer le **e** muet final.

Un mal aigu, une douleur aiguë. Une réponse ambiguë
[On prononce «gu» et non «gue» comme dans «langue».]

10. Les adjectifs **bénin** et **malin** font au féminin : **bénigne** et **maligne**.

Pour le pluriel des adjectifs comme pour celui des noms, on ajoute un **s**.

Signalons deux des principaux cas d'exception :
– Les adjectifs en **eau** : beau, beaux ; nouveau, nouveaux.
– La plupart des adjectifs terminés en **al** : égal, égaux ; tropical, tropicaux.

Pour toute inquiétude relative à la formation du féminin ou du pluriel des adjectifs, recourir au dictionnaire semble la meilleure solution pour éliminer le doute. En français, il y a beaucoup de cas particuliers. Allons donc à la source.

DEGRÉS DE COMPARAISON

*L'adjectif qualificatif peut avoir trois degrés de signification différents. Ce sont le **positif**, le **comparatif** et le **superlatif**.*

• Le *positif* indique simplement une qualité adressée à un nom ou à un pronom.

Sabrina est sage, mais Philippe est agité. Il deviendra calme.

• Le *comparatif* indique une qualité avec une comparaison entre deux êtres.

– Ces êtres possèdent la qualité au même degré [comparatif d'**égalité**].

Marie-Claude est **aussi** intelligente **qu'**Hélène.

– L'un des êtres possède la qualité à un plus haut degré que l'autre [comparatif de **supériorité** marqué par **plus**].

Marie-Claude est **plus** intelligente **qu'**Hélène.

– L'un des êtres possède la qualité à un moins haut degré que l'autre [comparatif d'**infériorité** marqué par **moins**].

Marie-Claude est **moins** intelligente **qu'**Hélène.

Parfois, on retrouve une comparaison par rapport à cette même qualité ou par rapport à une autre qualité.

Julie est **plus** sage cette année **que** l'année dernière.
Julie est **aussi** sage **que** studieuse.

• Le *superlatif*, lui, indique une qualité portée au plus haut degré ou à un très haut degré. On le nomme superlatif relatif.

Pedro est certainement **le plus** brillant du groupe.
André est sûrement **le moins** sportif du groupe.

Le **superlatif absolu** indiquera la qualité portée à un très haut degré.

 Très gentil, **fort** délicat, **bien** attentif, **extrêmement** sage.

 Observons quelques adjectifs ayant la valeur d'un comparatif : meilleur, pire, moindre ; supérieur, inférieur ; antérieur, postérieur ; extérieur, intérieur ; majeur, mineur.

Voici quelques positifs, comparatifs et superlatifs irréguliers.

POSITIF	COMPARATIF	SUPERLATIF IRRÉGULIER
bon	**meilleur**	**le meilleur**
petit	**moindre**	**le moindre**
petit	**plus petit**	**le plus petit**
mauvais	**pire**	**le pire**
mauvais	**plus mauvais**	**le plus mauvais**

ADJECTIF COMPOSÉ

Quand un adjectif composé est formé de deux qualificatifs juxtaposés, ces deux qualificatifs s'accordent si chacun d'eux peut s'appliquer au nom (substantif).

 Des pommes aigres-douces ; des filles sourdes-muettes.

L'adjectif composé *nouveau-né* fait exception à la règle. On dira : des enfants *nouveau-nés* (nouvellement nés).

 Il faut bien reconnaître que certaines exceptions nous compliquent parfois la vie. En effet, on parlera des nouveaux mariés, des nouveaux convertis, des nouveaux venus. Notez que, dans ces cas, il s'agit de *noms* composés qui n'ont pas de trait d'union. Dans le doute, le dictionnaire est notre ami.

L'adjectif composé désignant la couleur

> *Le mot qui désigne une couleur est un adjectif simple : il s'accorde avec le nom qu'il qualifie. Ainsi, bleu, blanc, rouge, noir, vert, orangé, violet, cramoisi, écarlate, mauve, pourpre, rose, etc., s'accordent en genre et en nombre avec le nom.*

 Sa veste est **verte**. Elle porte des bas tantôt **noirs**, tantôt **bruns**. On avait suspendu au plafond des rubans **rouges**, **roses**, **écarlates**, **mauves**, **violets** et **orangés**.

*Quand deux adjectifs sont réunis pour désigner une couleur, ces deux adjectifs restent **invariables**.*

 Des cheveux **châtain clair** [d'un châtain qui est clair]. Des yeux **bleu foncé** [d'un bleu qui est foncé].

Toutefois, deux **adjectifs de couleur** comme bleu, gris, vert, jaune, etc. qualifiant un nom seront joints par un **trait d'union** et resteront **invariables**. Exemples : de l'encre bleu-noir, des tons gris-bleu.

Il existe des **noms qui expriment la couleur** : *cerise, jonquille, paille, orange, olive, marron,* etc. Ils restent invariables.

 Des rubans **paille** [de la couleur de la paille]. Des fruits **marron** [de la couleur du marron]. Des murs **orange** [de la couleur de l'orange].

ADJECTIFS MI, DEMI, SEMI

> *Les adjectifs mi, demi, semi **placés devant un nom ou un adjectif** se joignent à ceux-ci par un **trait d'union** et sont **invariables**.*

 Elle s'est reposée pendant la **mi**-temps. Il avait les yeux **mi**-clos. Pendant une **demi**-heure, deux blessées gisaient : l'une **demi**-consciente, et l'autre, **demi**-morte. Nous les avons reconnus ; ils avaient la figure **demi**-voilée. Notre clientèle est **semi**-rurale.

Quand **demi** est placé après le nom, il s'accorde en genre seulement avec ce nom.

 J'ai travaillé pendant deux heures et demie.
[fém. pl.] [fém. sing.]
[Cela signifie que j'ai travaillé pendant deux heures et une demie.]

Le paquet pesait quatre-vingts kilos et demi.
[masc.] [masc.]

En parlant des heures, **demie**, employé comme nom, est du féminin.

 Cette horloge sonne les heures et les **demies**.

En arithmétique, **demi**, employé comme nom, sera du masculin.

 Sept **demis** font trois unités et demie.
[masc.] [fém.] [fém. sing.]

La locution adverbiale **à demi placée devant un adjectif** refuse le trait d'union et reste invariable. L'adjectif s'accordera, bien entendu, avec le nom.

 Cette dame voyageait toujours la figure **à demi** voilée [adjectif].

L'expression **à demi placée devant un nom** exige le trait d'union entre *demi* et le nom, mais reste **invariable**.

 Ces articles se vendent **à demi-prix** [nom].
Les personnes âgées voyagent **à demi-tarif** [nom].
Hier, Simon et Nathalie se sont parlé **à demi-mot** [nom].

Quand à demi, signifiant à moitié, n'est suivi ni d'un nom, ni d'un adjectif, il a une nature de locution adverbiale et reste invariable.

Nu

Nu placé devant le nom se joint à ce nom par un trait d'union et est invariable.

 Nous avons marché **nu**-pieds sur la plage.

Exceptions : la **nue**-propriété ; les **nus**-propriétaires.

Quand il est placé après le nom, **nu** s'accorde en genre et en nombre avec ce nom.

 Il se promenait toujours bras **nus** et jambes **nues**.

 Voyez comment les adjectifs s'accordent avec le nom. Le déterminant et l'adjectif qualificatif s'accordent en genre et en nombre avec le nom.

 Leurs **paroles** encourageantes sont très appréciées.

[adj. poss.] [n. c.] [adj. qual.]   [adj. qual.]
[fém. plur.] [fém. plur.] [fém. plur.]   [fém. plur.]

 Toute la belle petite **famille** est heureuse et fière.

[fém. sing.]   [fém. sing.]   [fém. sing.]
[n. c.]

Blanches et brillantes, ces **lumières** nous éblouissent.

[fém. plur.]   [fém. plur.]
[n. c.]

Épanouie et ardente, cette jeune **fille** est intelligente et sensée.

[fém. sing.]   [fém. sing.]   [fém. sing.]
[n. c.]

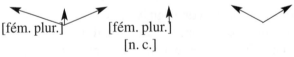 Le **déterminant**, l'**adjectif** et le **nom** regroupés forment ce qu'on appelle le **groupe nominal**. Le nom est le mot clé du groupe **nom**inal.

Le pronom

> *Le pronom est un mot qui, comme son nom l'indique, remplace habituellement un nom exprimé précédemment. Le pronom prend alors le genre et le nombre du nom remplacé.*

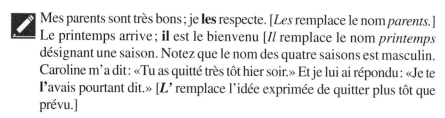

Mes parents sont très bons ; je **les** respecte. [*Les* remplace le nom *parents*.]

Le printemps arrive ; **il** est le bienvenu [*Il* remplace le nom *printemps* désignant une saison. Notez que le nom des quatre saisons est masculin.

Caroline m'a dit : «Tu as quitté très tôt hier soir.» Et je lui ai répondu : «Je te **l'**avais pourtant dit.» [*L'* remplace l'idée exprimée de quitter plus tôt que prévu.]

Le pronom remplit les fonctions du nom. Si nous avons déjà employé le nom, nous le remplacerons par la suite par un pronom.

Ma mère est venue. **Elle** est en pleine forme.

[*Elle* permet d'éviter la répétition du nom *mère*. Il en sera de même pour toutes les sortes de pronoms.]

Ainsi nous dirons :

Ces habits sont neufs, mais **ceux-là** sont très usagés.

[Le pronom démonstratif *ceux-là* remplace le nom *habits*.]

Certains pronoms représentent parfois autre chose qu'un nom ou expriment une idée vague. Ils n'ont pas de genre masculin ni féminin. On dit qu'ils sont «**neutres**». Ils représentent soit une proposition, soit un adjectif ou même une chose indéterminée.

Tu as fait ton possible, mais **ce** sera mieux demain.

[Le pronom *ce* est dit : «**neutre**». Il peut signifier : ce que tu feras.]

Êtes-vous satisfaites de votre travail ? Nous **le** sommes.

[Le pronom *le* représente l'adjectif *satisfaites*.]

Il avait raison de dire cela. Je **le** pense.

[Le pronom *le* remplace l'idée exprimée précédemment. On l'appelle alors «**pronom neutre**».]

On distingue six sortes de pronoms. Ce sont :

le pronom personnel, le pronom démonstratif, le pronom possessif, le pronom indéfini, le pronom interrogatif et le pronom relatif.

PRONOM PERSONNEL

> *Le pronom personnel s'appelle ainsi parce qu'il désigne une **personne grammaticale**. Il remplace le nom en indiquant qu'il est à la 1re, à la 2e ou à la 3e personne.*

• **Quelles sont ces trois personnes grammaticales ?**

La 1re personne grammaticale, c'est la personne qui parle.

La 2e personne grammaticale, c'est la personne à qui l'on parle.

La 3e personne grammaticale, c'est la personne de qui l'on parle ou la chose dont on parle.

Les pronoms personnels sont :

	SINGULIER			PLURIEL
1re pers., celle qui parle :	je	me	moi	nous
2e pers., celle à qui l'on parle :	tu	te	toi	vous
3e pers., celle dont on parle :	il, elle	se	soi	ils, elles
		le, la	lui	les, leur
		en, y		se, eux

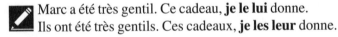

Marc a été très gentil. Ce cadeau, **je le lui** donne.
Ils ont été très gentils. Ces cadeaux, **je les leur** donne.

Attardons-nous à ces deux exemples. Ils nous aideront à mieux comprendre les raisons de certains accords qui nous surprennent à première vue.

Premier exemple :

Je est bien la personne qui parle, celle qui fait l'action de donner le cadeau [1re personne].
Le est bien la chose dont on parle [3e personne]. On parle du cadeau.
Lui est bien la personne dont on parle [3e personne]. **Lui** remplace le nom Marc.

Deuxième exemple :

Je est encore la personne qui parle, celle qui fait l'action de donner les cadeaux [1re personne].

Les est aussi la chose dont on parle [3e personne]. Le pronom personnel **les** remplace le nom **cadeaux**.

Leur est pronom personnel et remplace le pronom **ils**, masc. plur. **Leur** est placé devant le verbe. Il est le pluriel de **lui**. Voilà pourquoi il ne prend pas de **s**. Il est déjà du pluriel.

Quand **leur** est un déterminant adjectif possessif, il se place toujours devant le nom et il prend la marque du pluriel.

 Ces enfants sont merveilleux ; **leurs** parents en sont fiers.

Notons ici que les enfants dont on parle ont chacun leurs parents.

Toutefois, un professeur peut donner la consigne suivante : « Tous les élèves de la classe viendront avec leur mère. »

Leur est un déterminant adjectif possessif et ne désigne qu'une seule personne, soit la mère de chaque élève.

 Il est essentiel de bien distinguer le mot **leur** adjectif du mot **leur**, pronom personnel, placé devant le verbe et pluriel de **lui**.

Nous voyons encore une fois l'importance de reconnaître la nature des mots. **Voici deux espèces de mots qu'il faut bien distinguer :**

le, la, les, pronoms personnels placés devant le verbe et toujours COD de ce verbe qui suit ;

le, la, les, déterminants articles placés devant le nom déterminent ce nom.

Ⓟ RONOM DÉMONSTRATIF

> *Le pronom démonstratif est un mot qui remplace le nom en montrant l'être ou la chose qu'**il désigne**.*

 Ce canif est beau, mais **celui** que je te donne est superbe.
    [adj. dém.]   [pron. dém.]

Les pronoms démonstratifs sont :

celui	celui-ci	celui-là	ceux	ceux-ci	ceux-là
ce	ceci	cela	ça		
celle	celle-ci	celle-là	celles	celles-ci	celles-là

On peut employer un pronom démonstratif sans montrer l'objet par un signe de la main. Le fait de parler de l'objet en le démontrant ou en l'expliquant fait que nous utiliserons un pronom démonstratif. Ainsi :

 Je t'apporte **cela** [c'est-à-dire la chose dont on vient de parler].
Je t'explique **ce** [l'idée] que tu n'avais pas compris.

Dans la liste des pronoms démonstratifs, on distingue deux sortes de pronoms : les **pronoms simples**, formés d'un seul mot et les **pronoms composés**, formés des pronoms simples et des adverbes **ci** et **là** indiquant le plus rapproché [ci] ou le plus éloigné [là]. Le **trait d'union** se place toujours devant les adverbes **ci** et **là**.

 Je vous offre des cadeaux : celui-ci [le plus rapproché] est plus dispendieux que celui-là [le plus éloigné].

Là a toujours un accent grave dans les pronoms composés *celui-là, celle-là, ceux-là, celles-là*.

 Observons maintenant le mot **cela** qu'on remplace, dans le style plutôt familier, par la forme raccourcie **ça**.

 Regardez-moi ça [cela]. Le tennis, ça [cela] vous tente ? [Les mots **ça** et **cela** ne prennent pas d'accent grave.]
Distinguons bien le pronom démonstratif neutre **ça** de l'adverbe de lieu **çà** dans l'expression **çà et là** qui signifie «ici et là».

L'expression **cela dit** renvoie à ce qui vient d'être exprimé et l'expression **ceci dit** répond à ce qui va être dit.

 Cela dit, vous pouvez argumenter sur le sujet.
Ceci dit : «Reprenons le travail», nous pourrons par la suite discuter des conditions proposées.

Disons un mot au sujet du **pronom démonstratif neutre ce**. Il s'emploie souvent pour des êtres inanimés. On l'appelle pronom *neutre* singulier:
Ce est un beau spectacle → C'est un beau spectacle.

Ce peut aussi s'employer pour des êtres animés.

 C'étaient mes sœurs. [C' (ce) signifie **celles-là** ou **elles**.]

L'emploi de **c'est... qui** et de **c'est... que** permet d'attirer l'attention sur un mot ou un groupe de mots. Ainsi, nous dirons:

 C'est ta mère **qui** nous a appris la nouvelle. Ou encore: **C'est** justement de ce sujet **que** je traitais dans ma conférence.

Voici quelques expressions courantes où l'on retrouve le pronom **ce** neutre [**cela**]:

 c'est-à-dire; **ce sera** pour demain; **sur ce**, nous concluons; **pour ce faire**, il nous faudra l'unanimité; je lui ai parlé clairement, **et ce**, pour le convaincre.

PRONOM POSSESSIF

Le pronom possessif est un mot qui remplace le nom en indiquant le possesseur.

Les pronoms possessifs sont:

le mien	le tien	le sien	le nôtre	le vôtre	le leur
la mienne	la tienne	la sienne	la nôtre	la vôtre	la leur
les miens	les tiens	les siens	les nôtres	les vôtres	les leurs
les miennes	les tiennes	les siennes	les nôtres	les vôtres	les leurs

 Ma voiture est bleue. **La sienne** est rouge.

Distinguons l'adjectif possessif du pronom possessif.

L'**adjectif possessif** est un **déterminant** qui se place devant le nom pour le préciser en indiquant le possesseur.

 Les concurrents ont déposé **leurs** bagages dans l'autobus.

Le **pronom possessif**, lui, est un mot qui **remplace le nom** que nous avons déjà cité en indiquant le possesseur.

 Ces bagages **leur** appartiennent; ce sont **les leurs** [leurs bagages].
   [pron. pers.]   [pron. poss.]

Ⓟ RONOM INDÉFINI

*Le pronom indéfini est un mot qui sert à **désigner d'une façon plutôt vague** des êtres, des choses ou des idées.*

En voici quelques-uns:

aucun, autrui, certains, chacun, l'un, l'autre, nul, on, personne, plusieurs, quelqu'un, quiconque, tel, tout.

 Les enfants jouent **chacun** à leur façon.
J'en connais **quelques-unes** qui seront déçues.
Tel réussit tandis que l'**autre** est acculé à l'échec.

Faisons la distinction entre l'adjectif indéfini et le pronom indéfini.

L'**adjectif indéfini** détermine le nom en le précisant plus ou moins, alors que le **pronom indéfini** remplace le nom d'une manière indéterminée.

Voici des exemples qui feront ressortir clairement cette différence.

 Plusieurs joueuses ont su accepter la défaite.
[adj. indéf.]
Plusieurs ont réussi à marquer des buts.
[pron. indéf.]
Chacune a tenté l'impossible, mais **tout** semblait très difficile.
[pron. indéf.]   [pron. indéf.]

Le mot **chaque** est un adjectif indéfini toujours employé au singulier. Il a le sens de «tous pris individuellement». Il précède toujours le nom.

Chaque employeur se préoccupe de tous ses employés.
[adj. indéf.][nom] [3ᵉ pers. sing.]

Mais nous dirons :
Ces livres coûtent 15 $ chacun [et non pas 15 $ chaque].

PRONOM INTERROGATIF

Le pronom interrogatif est un mot qui remplace le nom en interrogeant.

Voici quelques pronoms interrogatifs :

Qui ? Que ? Quoi ? Quel ? Lequel ? Auquel ? Duquel ?

Rappelons-nous que **l'adjectif interrogatif se place devant le nom** qu'il détermine alors que **le pronom interrogatif remplace le nom** en interrogeant.

Quel choix as-tu fait ?
[*Quel*, adjectif interrogatif placé devant le nom, le détermine.]

Quels sont les amis qui participent ?
[*Quels*, pronom interrogatif, remplace le nom *amis*.]

L'emploi du mot **quel** comme pronom interrogatif remplaçant un nom se comprend très bien. Certains grammairiens acceptent le pronom interrogatif **quel** quand il est **suivi du verbe être**.

Quel est ton nom ?
Quelle est la question la plus difficile de l'examen ?

Voyons quelques cas fréquents de pronoms interrogatifs.

Qui, pronom interrogatif, représente une personne et sert à interroger.

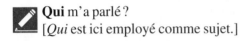**Qui** m'a parlé ?
[*Qui* est ici employé comme sujet.]

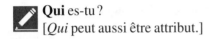**Qui** es-tu ?
[*Qui* peut aussi être attribut.]

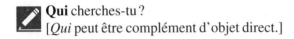**Qui** cherches-tu ?
[*Qui* peut être complément d'objet direct.]

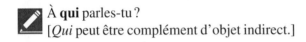À **qui** parles-tu ?
[*Qui* peut être complément d'objet indirect.]

Que, pronom interrogatif, est très souvent employé comme complément d'objet direct (COD).

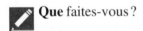**Que** faites-vous ?

Quoi, pronom interrogatif, est le plus souvent employé comme complément d'objet indirect (COI) ou comme complément du nom.

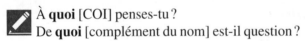À **quoi** [COI] penses-tu ?
De **quoi** [complément du nom] est-il question ?

Lequel, **auquel**, **duquel**, pronoms interrogatifs, remplacent le nom dans une interrogation. Cette interrogation porte sur des êtres animés ou inanimés désignés avant ou après le pronom.

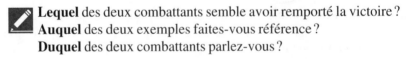**Lequel** des deux combattants semble avoir remporté la victoire ?
Auquel des deux exemples faites-vous référence ?
Duquel des deux combattants parlez-vous ?

PRONOM RELATIF

Le pronom relatif est un mot qui remplace le nom ou le pronom en y joignant une proposition qui le détermine ou l'explique.

Les pronoms relatifs sont:

qui	lequel	auquel	duquel
que	laquelle	à laquelle	de laquelle
quoi	lesquels	auxquels	desquels
dont	lesquelles	auxquelles	desquelles
où			

Le pronom relatif a habituellement un antécédent avant lui. [*Antécédent* signifie «qui vient avant».] Cet antécédent sera soit un nom, soit un pronom.

 Les amis **qui** jouent avec moi travaillent près d'ici.

Nous trouvons dans cet exemple deux verbes conjugués à la 3e personne du pluriel. Posons-nous la question suivante: **Qui fait l'action de travailler** près d'ici? Ce sont les amis. Le mot *amis* **est le sujet du verbe** *travaillent*.

Qui fait l'action de jouer avec moi? C'est le pronom relatif **qui**, lequel remplace le nom *amis* placé devant lui. Ce nom placé devant le pronom relatif est appelé «**antécédent**». Le pronom relatif *qui* **est le sujet du verbe** *jouent*; il est à la 3e personne du pluriel parce qu'il remplace le mot *amis*. Pourquoi est-il à la 3e personne? Parce qu'il désigne les personnes dont on parle. On pourrait le remplacer par le pronom personnel *ils*.

 Je pense à toi **qui** m'as initié à la culture de ton pays.

Que constatons-nous?

Qui est un pronom relatif dont l'antécédent est *toi*, placé devant lui. Comme nous l'avons vu, l'antécédent peut être soit un nom, soit un pronom.

Qui remplace ici le pronom personnel *toi*, de la 2e personne du singulier. Le pronom *qui* sera donc lui aussi à la 2e personne du singulier, de même que le verbe.

Observons attentivement les deux exemples suivants :

 L'étranger **qui** me **guide** dans son pays m'initie à sa culture.

Dans ce premier exemple, **on parle de l'étranger à la 3ᵉ personne du singulier**. *Étranger* est sujet du verbe *initie* [3ᵉ personne de l'indicatif présent]. Le pronom relatif *qui* est sujet du verbe *guide* [3ᵉ personne de l'indicatif présent].

 Étranger, **qui** me **guides** dans ton pays, initie-moi à ta culture.

Dans ce deuxième exemple, **on parle à l'étranger** : celui-ci est à la **2ᵉ personne du singulier**.
Qui fait l'action de guider ? C'est **qui**, pronom relatif à la **2ᵉ personne du singulier**. Nous écrirons donc *guides* [2ᵉ personne du singulier].

 Nous verrons les terminaisons de l'indicatif présent et de l'impératif présent quand nous étudierons le verbe aux pages 64–67.

Accord du verbe avec le sujet dans l'expression « c'est... qui »

*Dans cette expression, le pronom relatif **qui** est sujet du verbe. Il a un antécédent à la 1ʳᵉ, à la 2ᵉ ou à la 3ᵉ personne du singulier ou du pluriel. Le verbe se met donc à l'une ou l'autre de ces personnes.*

Voici plusieurs exemples qui nous aideront à bien comprendre cette notion.

 C'est **moi qui ai** réalisé ce dessin.
    [1ʳᵉ pers. sing.]

C'est **toi qui as** réalisé ce dessin.
    [2ᵉ pers. sing.]

C'est **elle qui a** réalisé ce dessin.
    [3ᵉ pers. sing.]

C'est **nous qui avons** réalisé ce dessin.
    [1ʳᵉ pers. plur.]

C'est **vous qui avez** réalisé ce dessin.
    [2ᵉ pers. plur.]

Ce sont **eux qui ont** réalisé ce dessin.
    [3ᵉ pers. plur.]

Il en est ainsi des exemples commençant par **moi qui**, **toi qui**, **lui** ou **elle qui**, **eux** ou **elles qui**.

 Moi qui ai bien **observé**, **j'ai** beaucoup appris.
[1ʳᵉ pers. sing.]   [1ʳᵉ pers. sing.]

     Toi qui as bien **observé**, **tu as** beaucoup appris.
     [2ᵉ pers. sing.]   [2ᵉ pers. sing.]

     Lui qui a bien **observé**, **il a** beaucoup appris.
     [3ᵉ pers. sing.]   [3ᵉ pers. sing.]

 Qui, pronom relatif, est sujet du verbe qui suit. Il prend la personne de son antécédent.

Accord du verbe en présence de *qui*, sujet

Le pronom relatif qui, *placé devant le verbe, est sujet de ce verbe. Il est à la même personne que son antécédent. Si celui-ci est à la 1ʳᵉ personne,* **qui** *sera à la 1re personne, et ainsi de suite. Le verbe se mettra à cette même personne et s'accordera avec le sujet* **qui**.

 Analysons attentivement l'exemple qui suit pour reconnaître les **sujets**, les **verbes** et les **compléments**. La connaissance de la nature et de la fonction des mots dans la phrase nous permet de comprendre la façon dont ces mots s'accordent.

 Nous avons répondu aux avocats **qui** nous rencontreront ce soir.

Dans cet exemple, nous trouvons deux verbes conjugués : *avons répondu* et *rencontreront*. Ils sont conjugués, donc ils ont un sujet qui fait l'action qu'ils expriment.

Posons la question qui nous permettra de trouver les sujets : **Qui a fait l'action de répondre ?** C'est *nous*, pronom personnel à la 1ʳᵉ personne du pluriel. Le verbe *avons répondu* est donc à la 1ʳᵉ personne du pluriel.

Posons la question au deuxième verbe : **Qui fera l'action de rencontrer ?** C'est *qui*, pronom relatif mis pour l'antécédent *avocats*, 3ᵉ personne du pluriel [on parle de quelqu'un]. *Qui*, pronom relatif, est donc sujet de *rencontreront*.

Posons d'autres questions pour trouver les compléments d'objet : **Nous avons répondu à qui ?** Aux *avocats*, nom qui est ici complément d'objet indirect. Interrogeons le deuxième verbe : **Les avocats rencontreront qui ?** *Nous*, pronom personnel, complément d'objet direct. Donc, le mot *nous*, placé devant le verbe *rencontreront*, n'est pas sujet. C'est pourquoi *rencontreront* est bien à la 3ᵉ personne du pluriel, comme son sujet *qui*, ayant pour antécédent *avocats*.

REMARQUE IMPORTANTE

Le verbe conjugué précédé du pronom personnel **nous** n'a pas nécessairement la terminaison **-ons** (1ʳᵉ personne du pluriel). Si le pronom **nous** est le sujet de ce verbe, c'est le sujet **nous** qui fait l'action que le verbe exprime, alors le verbe sera à la 1ʳᵉ personne du pluriel.

 Nous amuserons les enfants durant la soirée.

Si, toutefois, **nous**, placé devant le verbe, n'est pas le sujet de ce verbe et ne fait pas l'action que ce verbe exprime, alors le verbe s'accordera avec son sujet placé devant le pronom **nous**. Le pronom relatif **qui** sera sujet de ce verbe.

 Les magiciens qui nous amuseront seront applaudis à tout rompre.

Qui fait l'action d'amuser ? C'est le sujet **qui** mis pour *magiciens*, 3ᵉ personne du pluriel. Le verbe **amuseront** se retrouve à la 3ᵉ personne du pluriel. Le pronom **nous** est complément d'objet direct et non pas sujet de **amuseront**. Posons au verbe la bonne question !

 Analysons maintenant l'exemple qui suit avec **que**, complément d'objet direct.

 Nous avons parlé aux avocats **que** nous avons rencontrés.

Le verbe *rencontrer* est conjugué avec l'auxiliaire *avoir*. Le participe passé s'accorde donc en genre et en nombre avec le complément d'objet direct *que*, pronom relatif ayant pour antécédent *avocats*, du masculin pluriel. Le participe passé se met donc au masculin pluriel (voir pages 83 et 84).

Comment avons-nous fait pour trouver le complément d'objet direct ? Nous avons posé la question suivante : **Nous avons rencontré qui ?** La réponse est *que*, pronom relatif complément d'objet direct mis pour *avocats*, nom masculin pluriel placé devant le participe passé. C'est pourquoi le participe passé se met au masculin pluriel.

Pour mieux comprendre ces règles, comparons les exemples suivants :

 Nous avons répondu aux avocats **qui** nous rencontre**ront** ce soir.
Nous avons répondu aux avocats **que** nous rencontre**rons** ce soir.

Voyons la différence entre **qui** et **que**. Il faut d'abord distinguer le sens de ces deux phrases.

Dans la première phrase, ce sont les avocats qui rencontreront. Ils rencontreront qui ? *nous*, pronom personnel complément d'objet direct.

Le sujet de *rencontreront* est *qui*, pronom relatif ayant pour antécédent *avocats* à la 3e personne du pluriel, puisqu'on parle de quelqu'un.

Dans la deuxième phrase, c'est *nous* qui rencontrerons les avocats. *Nous* est alors sujet du verbe *rencontrerons*. Et nous rencontrerons qui ? Nous rencontrerons *que*, pronom relatif complément d'objet direct, ayant pour antécédent *avocats*.

Le sujet de *rencontrerons* est donc *nous*, pronom personnel de la 1re personne du pluriel.

 Nous voyons qu'il est très important de déterminer la fonction de chaque mot dans la phrase.

Nous, placé devant le verbe, peut être **sujet** ou **complément** de ce verbe. Méfiez-vous-en !

Le pronom *quoi*

> *Le pronom **quoi** s'emploie avec un antécédent inanimé pris dans un sens très vague. L'antécédent peut être aussi un pronom neutre, un nom ou même une proposition tout entière. **Quoi** est toujours employé comme complément et toujours précédé d'une préposition telle que : **à, après, de, par, en, pour, sans**.*

 Il faut toujours fournir un effort constant, **sans quoi** le succès devient incertain.
Elle exposa sa demande, **après quoi** elle se retira.
Voilà ce **à quoi** je faisais référence. [**Ce** est un pronom démonstratif **neutre**.]

Le pronom *dont*

> *En règle générale, **dont**, pronom relatif ayant un antécédent, s'emploie pour des êtres animés ou inanimés. Il peut être complément du verbe, complément du nom, complément de l'adjectif ou complément de l'adverbe.*

Un exemple de chacun de ces cas facilitera l'usage de ce pronom.

• **Complément du verbe :**

C'étaient des personnes **dont** on se méfiait.
[On se méfiait de qui ? De *dont*, mis pour *personnes*. La préposition *de* s'emploie dans la question. On se méfie de quelqu'un. La question a été posée au verbe *méfiait*.]

• **Complément du nom :**

C'était une maison **dont** la porte était fermée à clef.
[Quelle porte était fermée à clef ? La porte de *dont*, mis pour *maison*. La question a été posée au nom *porte* et nous obtenons alors un complément du nom.]

• **Complément de l'adjectif :**

C'étaient des gens **dont** nous étions fiers.
[Nous étions fiers de qui ? De *dont*, mis pour *gens*. La préposition *de* s'emploie dans la question. Nous étions fiers de quelqu'un. La question a été posée à un adjectif, le pronom *dont* est alors complément de l'adjectif *fiers*.]

• **Complément de l'adverbe :**

C'étaient des soldats **dont** beaucoup avaient été décorés.
[*Beaucoup* est un adverbe de quantité qui amène le complément *dont*, mis pour *soldats*. *Dont* devient le complément de l'adverbe *beaucoup*.]

Le pronom relatif **dont** renferme la préposition **de** et il équivaut à **de qui, de quoi, duquel**, etc.

Nous dirons :
Cette citation **dont** j'avais besoin m'a bien servi. [J'avais besoin de quoi ? De *dont*, mis pour *citation*.]
Mais nous ne dirons pas :
C'est de cette randonnée **dont** je vous parlais. [Comme la préposition *de* est ici employée et que *dont* contient aussi la préposition *de*, nous devrons dire : *C'est de cette randonnée **que** je vous parlais. Que* s'emploiera alors au lieu du pronom *dont*.]

Il faut savoir distinguer **dont**, pronom relatif qui possède un antécédent, de **donc**, conjonction de coordination qui unit deux groupes de mots. Pour bien reconnaître l'un et l'autre, observons les deux exemples que voici :

 Tous les livres **dont** nous parlons ont été soldés.
[*Dont* a un antécédent, soit le nom *livres* qui est le sujet de *ont été soldés*. Nous parlons de quoi ? De *dont*, mis pour *livres*. *Dont* est alors complément d'objet indirect du verbe *parlons*.]

 J'ai reçu le conseil de ma patronne, **donc** j'ai décidé de le mettre en pratique.
[Dans cette phrase, on retrouve deux idées : j'ai reçu le conseil et j'ai *donc* décidé de le mettre en pratique. Le mot *donc* unit ces deux groupes de mots en signalant la conséquence résultant de la première idée.]

Le pronom *où*

Où, *adverbe de lieu ou adverbe de temps, peut être employé comme pronom relatif quand il a un nom pour antécédent. Les prépositions de, par, jusque, précéderont parfois le pronom.*

 Dix ans plus tard, je suis entré dans la maison **où** je suis né.
[*Où*, désignant le lieu, est ici un pronom relatif signifiant «dans laquelle maison». La fonction de *où* sera complément circonstanciel de lieu de *suis né*.]

 La semaine **où** nous avons pris congé a été formidable.
[Nous avons pris congé quand ? *Où*, pronom relatif remplaçant le nom *semaine*. La fonction de *où* sera complément circonstanciel de temps de *avons pris*.]

Observons les pronoms relatifs **lequel**, **auquel**, **duquel**, *etc.*

• **Les pronoms** *lequel, laquelle, lesquels* **et** *lesquelles* **s'emploieront :**

– **sans préposition afin d'éviter une équivoque.**

Un jeune homme s'est levé au milieu de la foule, **lequel** s'est exprimé de façon assez vulgaire. [On pourrait dire aussi : Un jeune homme qui s'est exprimé de façon assez vulgaire s'est levé au milieu de la foule.]

– **avec les prépositions** *vers, pour, par, sans, dans, entre, parmi.*

La maison dans **laquelle** il entra avait un air vieillot.
Le drapeau vers **lequel** je me suis tourné flottait au haut du mât.

• **Avec les prépositions** *à* **et** *de*, **nous emploierons :**

auquel	[à lequel]	**duquel**	[de lequel]
auxquels	[à lesquels]	**desquels**	[de lesquels]
auxquelles	[à lesquelles]	**desquelles**	[de lesquelles]

 Les pays **auxquels** je fais allusion sont prospères.
[Je fais allusion à quoi ? À **auxquels**, mis pour *pays*, masc. plur.]

C'est sans doute l'événement **duquel** je garde le meilleur souvenir.
[Je garde de quoi ? De **duquel**, mis pour *événement*, masc. sing.]

 On se souvient que le déterminant article défini contracté est le résultat de la fusion de deux mots :

à le = **au**   à les = **aux**
de le = **du**   de les = **des**

Vérifions toujours le sens de la phrase pour connaître la préposition que le verbe exigera. Ainsi nous dirons :

 C'est une exigence **à laquelle** j'ai dû renoncer. [On renonce à laquelle exigence.]
Le navire **sur lequel** il s'est embarqué a traversé l'océan en dix jours. [Il s'est embarqué sur lequel navire.]
L'auto **dans laquelle** j'ai pris place a dérapé au tournant de la route. [J'ai pris place dans laquelle auto.]

 Maintenant que nous avons survolé les six sortes de pronoms, nous serons plus en mesure de saisir le sens des phrases que nous lisons. Nous pourrons facilement reconnaître les pronoms, ces petits mots qui remplacent le nom.

Dans les lignes qui vont suivre, nous tenterons ensemble de bien reconnaître tous les pronoms étudiés dans ce chapitre.

Le pronom personnel remplace la personne qui parle, la personne à qui l'on parle, la personne de qui l'on parle ou la chose dont on parle (p. 38).

 Je tente d'expliquer simplement la langue française.
Qui est **je** ? C'est **moi**, la personne qui tente d'expliquer [1re personne].

Tu me regardes.
Qui est **tu** ? C'est **toi**, la personne à qui je parle [2e personne].
Dans ce même exemple, qui est **me** ? C'est **moi**, la personne qui parle [1re personne].

Il cherche le succès.
Qui est **il** ? C'est **lui**, la personne dont on parle [3e personne].

Voici un exemple plus élaboré :

 J'ai enseigné aux élèves les notions fondamentales de la grammaire et **je les leur** ai expliquées de façon très précise.

Le pronom **je**, c'est la personne qui a fait l'action d'expliquer les notions. Comme c'est cette personne qui parle, nous avons la 1re personne. Le mot **les** n'est pas un déterminant ici : il ne détermine pas de nom puisqu'il n'est pas placé devant un nom. Comment l'appellerons-nous ? C'est un pronom personnel de la 3e personne parce qu'il désigne la chose dont on parle. Il remplace le nom **notions**.

Le mot **leur** est placé devant un verbe. C'est le pluriel de **lui**. Il n'y a pas de nom placé après ; donc, il ne détermine pas de nom. Il remplace le nom **élèves** qui est au pluriel. S'il n'y avait eu qu'un élève, on aurait dit : je les **lui** ai expliquées.

Dans l'exemple qui suit, les pronoms ont été mis en relief pour que ce soit plus facile de les reconnaître.

 Pierre **s'**est blessé en jouant avec mon frère. **Celui-ci l'**a amené chez le médecin. **On l'**a soigné et **il m'**a appelé en revenant chez **lui**. **Certains** ont critiqué mon frère, mais **ce** n'était pas sa faute. Cette blessure **que** Pierre a subie est tout à fait involontaire.

Reprenons les pronoms de cet exemple :

s' : pronom personnel ;
celui-ci : pronom démonstratif ;
l' : pronom personnel ;
on : pronom indéfini ;
l' : pronom personnel ;
il : pronom personnel ;

m' : pronom personnel ;
lui : pronom personnel ;
certains : pronom indéfini ;
ce : pronom démonstratif ;
que : pronom relatif.

Le verbe

Le mot indispensable pour affirmer quelque chose et pour exprimer une action ou un état s'appelle verbe. Sans lui, les mots ne représentent que des idées détachées, sans liaison, sans rapports entre elles.

Le verbe est un mot qui exprime qu'une personne, un animal, une chose, etc., est [état] ou fait [action] quelque chose.

Si nous disons : « Le ciel… bleu ; le soleil… la terre », nous ne faisons que nommer des objets sans rien affirmer. Mais si nous disons : « Le ciel *est* bleu ; le soleil *éclaire* la terre », nous énonçons des affirmations.

 L'éléphant **est** malade.
[état]

Le vétérinaire **soigne** l'éléphant.
[action]

Dans le premier exemple, l'éléphant n'agit pas. **Est** exprime un *état*.

Dans le deuxième exemple, le vétérinaire agit. **Soigne** exprime une *action*.

Un verbe est conjugué quand on peut mettre devant lui : **je**, **tu**, **il**, **elle**, **nous**, **vous**, **ils** ou **elles**.

On dira alors que ce verbe est conjugué à la 1re, à la 2e ou à la 3e personne du singulier ou du pluriel.

ⓥERBE À LA FORME ACTIVE

La majorité des verbes expriment une action. Dans une phrase, quelqu'un ou quelque chose fait ou subit l'action que le verbe exprime. Celui qui fait ou subit cette action, c'est le **sujet**. **Quand le sujet fait l'action, le verbe est à la forme active. Quand le sujet subit l'action exprimée par le verbe, nous disons que le verbe est à la forme passive** et ce verbe est conjugué avec l'auxiliaire être.

 Je tombe. [Le sujet est *je*, la personne qui fait l'action. Le sujet *je* est à la 1re personne du singulier.]

La **chaise** tombe. [Le sujet est la *chaise*, la chose qui fait l'action. Le sujet *chaise* est à la 3e personne du singulier, puisqu'on parle de quelque chose.]

VERBE À LA FORME PASSIVE

 La grammaire est imprimée par un spécialiste.

Dans cette phrase, le verbe est conjugué avec l'auxiliaire *être*. Le nom *grammaire* est le sujet du verbe. Ce n'est pas la grammaire qui fait l'action d'imprimer. Elle est imprimée. Nous avons alors un **verbe à la forme passive**. **Celui qui fait l'action exprimée par un verbe à la forme passive s'appelle un** *complément d'agent* (p.137).

Voici deux autres exemples :

 Les règlements sont établis par la direction.
Le rendez-vous est fixé à 20 h.

Le radical et la terminaison

Le verbe est formé d'un **radical** et d'une **terminaison**.

Le **radical**, c'est la partie du verbe **qui ne change pas** quand on le conjugue aux 1re, 2e ou 3e personnes du singulier ou du pluriel.

La **terminaison**, c'est la partie du verbe **qui change** aux 1re, 2e ou 3e personnes du singulier ou du pluriel.

L'ensemble des verbes a une conjugaison régulière alors qu'un certain nombre de verbes ont une conjugaison irrégulière. On les nommera respectivement *verbes réguliers* et *verbes irréguliers*.

Prenons, par exemple, un verbe régulier et distinguons son radical de sa terminaison.

je chant	**e**		je chant	**ais**		chant	**e**
nous chant	**ons**		nous chant	**ions**		chant	**ons**

Le radical du verbe *chanter* est *chant-* au début du mot et la terminaison (partie changeante) se trouve à la fin du mot. La terminaison prend ici les formes **e**, **ons**, **ais** et **ions**. Elle peut varier d'une personne à l'autre. Nous aurons l'occasion d'étudier ces diverses terminaisons selon le temps des verbes.

Comme certains verbes sont irréguliers, leur radical et leur terminaison le sont également. Mais ils sont si peu nombreux qu'ils ne devraient pas nous causer trop de soucis. Nous nous intéresserons donc surtout aux quelque 4 500 verbes réguliers.

Il existe des **modes** (conjugués et non conjugués) et des **temps** (simples et composés). De plus, il nous faut préciser la **personne grammaticale** (1re, 2e, 3e) ainsi que le **groupe** du verbe employé.

Nous devons maîtriser ces notions (mode, temps, personne, groupe) pour bien les appliquer.

Ⓜ ODE DU VERBE

> *Quand nous parlons du mode d'un verbe, nous indiquons de quelle manière se présente l'action ou l'état que ce verbe exprime. Il y a plusieurs manières de présenter une action. Elles correspondent aux six modes du verbe. Quels sont ces modes ?*

L'indicatif, le conditionnel, l'impératif, le subjonctif, l'infinitif et le participe.

Modes conjugués

> *On appelle conjugaison l'ensemble de toutes les formes que prend un verbe pour exprimer les différences de mode, de groupe, de temps, de personne et de nombre. Quatre des modes du verbe sont conjugués : ce sont des **modes personnels**. On les retrouve à la 1re, à la 2e et à la 3e personne du singulier et du pluriel.*

L'**indicatif** indique qu'une action : se fait dans le temps présent ;
s'est faite dans le temps passé ;
se fera dans le temps futur.

Le **conditionnel** indique habituellement que l'action se fera à une condition.

L'**impératif** présente l'action sous la forme d'un ordre ou d'une demande.

Le **subjonctif** exprime une obligation, un sentiment, une incertitude, un souhait, un désir, un doute, etc.

Modes non conjugués

> *Deux modes du verbe ne sont pas conjugués. Ces **modes imperson-nels** sont l'infinitif et le participe. Ils ne se conjuguent ni à la 1re, ni à la 2e ni à la 3e personne du singulier ou du pluriel.*

• L'infinitif

On dit habituellement que l'infinitif est la *forme nominale* du verbe. Que veut dire cette expression ? Elle signifie que l'infinitif s'apparente au nom, qu'il ne fait qu'exprimer l'idée de l'action désignée par le verbe.

 Boire de l'eau est excellent pour la santé.

Boire est au mode infinitif. C'est le nom du verbe ; il ne fait qu'exprimer l'action d'avaler un certain liquide. Le verbe *boire*, infinitif, est le sujet du verbe *est*.

REMARQUE IMPORTANTE

Comme l'infinitif ne se conjugue pas, on ne le retrouvera ni à la 1re, ni à la 2e, ni à la 3e personne du singulier ou du pluriel.

Dans l'exemple suivant : *Tous ces livres, je veux les vendre*, le verbe *vendre* reste invariable parce que *les*, devant un verbe, est un pronom person-nel. Ici, *les* remplace le nom *livres*. L'infinitif *vendre* ne prendra pas la marque du pluriel. Et comme l'infinitif est un mode non conjugué, le verbe *vendre* ne pourra jamais s'écrire à la 3e personne du pluriel avec la terminaison *-ent (vendrent)*.

Dans cet autre exemple : *Les voyageurs vont prendre le train*, le verbe *vont* a comme sujet *voyageurs*, 3e personne du pluriel. Les voyageurs vont faire l'action de prendre (infinitif invariable) le train. Ne nous laissons pas prendre… au piège.

• Le participe

Le participe est une forme verbale qui, comme son nom l'indique, permet une « participation » à la fois **comme verbe** et **comme adjectif**.

Le participe tient du verbe **lorsqu'il exprime une action ou un état**, marque le temps et possède les mêmes compléments que le verbe conjugué.

 Le gardien **visitant** les lieux aperçoit une fissure dans le mur.
[*Visitant*, participe présent du verbe *visiter*, a comme complément le nom *lieux*.]

Ces livres **lus** par les jeunes forment l'esprit.
[*Lus*, participe passé du verbe *lire*, a comme complément le nom *jeunes*.]

Le participe tient de l'adjectif **lorsqu'il qualifie un nom ou un pronom** dont il est l'épithète ou l'attribut.

 Les amis **reconnaissants** sont généreux.
[*Reconnaissants* est **épithète** de *amis*. Il vient du verbe *reconnaître*. On lui donne **le nom d'adjectif verbal** puisqu'**il tient à la fois du verbe et de l'adjectif.**]

Les amis généreux sont habituellement **reconnaissants**.
[*Reconnaissants* est **attribut** de *amis*. Il tient, ici aussi, du verbe et de l'adjectif.]

 On appelle **tableau de conjugaison**, le tableau de toutes les formes que prend le verbe pour exprimer les différences de personne, de nombre, de groupe, de temps et de mode. Voir pages 64 et suivantes.

Ⓣ EMPS DU VERBE

Le temps du verbe indique à quel moment se fait l'action que le verbe exprime ou à quel moment a lieu l'état que le verbe exprime.

Les principaux verbes exprimant l'état sont :

être, paraître, sembler, demeurer, rester, devenir.

 Les travailleurs sont épuisés.

Les actions ont été produites précédemment et maintenant les travailleurs sont dans un état d'épuisement. Voilà pourquoi le verbe *être* exprime un état et non une action.

Il existe trois temps ou moments naturels : le **présent**, le **passé** et le **futur**.

– Le **présent** indique une action faite (ou un état existant) au moment où l'on parle.

 Je lis présentement.

– Le **passé** indique une action faite (ou un état existant) avant le moment où l'on parle.

 J'ai chanté hier. J'étais grippé la semaine dernière.

– Le **futur** indique une action faite (ou un état existant) après le moment où l'on parle.

 Je viendrai demain.

EMPS SIMPLES

Disons un mot sur chacun des temps simples que nous employons fréquemment.

Les TEMPS SIMPLES d'un verbe ne sont formés que d'un seul mot.
Les TEMPS COMPOSÉS d'un verbe sont formés de deux mots.

Nous parlerons des temps composés lors de l'explication des participes passés. Pour le moment, attardons-nous aux temps simples des quatre modes conjugués.

L'INDICATIF

• Le présent
Le présent de l'indicatif exprime **une action qui a lieu au moment où l'on parle**, qu'elle soit **instantanée** : *J'ouvre la porte*, ou **continue** : *Je vous explique la leçon de français.*

Mais le présent de l'indicatif peut aussi indiquer un **futur proche** : *Je pars bientôt. Je vais partir bientôt.*

Dans la narration, nous utilisons souvent le présent pour exprimer un passé plus ou moins lointain : *La mer est belle ; nous nous levons et nous partons.*

Dans un récit, nous commençons au présent et nous poursuivons au présent : *Le jeu commence. Le joueur passe le ballon à son coéquipier. Celui-ci tombe. Il se relève et poursuit sa course jusqu'au but.*

• L'imparfait
– L'imparfait de l'indicatif indique qu'**une action avait lieu au moment où une autre se produisait** : *Je pratiquais mon sport favori quand l'enseignante entra.*

– L'imparfait décrit une action qui avait lieu en même temps qu'une autre : *Hier, pendant que je me promenais, je réfléchissais à toute cette histoire.*

– L'imparfait est le temps de la *continuité*. Il exprime des faits qui se déroulaient en même temps : *L'enfant s'amusait pendant que sa mère lisait.* Ou encore : *À 22 heures, c'était l'heure du coucher. Tous montaient à l'étage supérieur. On se couchait et, en moins d'une demi-heure, on dormait.*

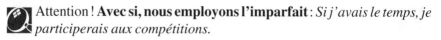

– L'imparfait peut tenir lieu de conditionnel *passé* quand il exprime une conséquence inévitable : *Sans moi, tu ratais [aurais raté] ton train.*

 Attention ! **Avec si, nous employons l'imparfait** : *Si j'avais le temps, je participerais aux compétitions.*

• **Le passé simple**

Le passé simple rejette l'action dans le passé. Le passé simple raconte : *Elle ouvrit la porte, pénétra dans la maison et s'assit près de la fenêtre.*

Le passé simple est souvent remplacé par le passé composé. Toutefois, il ne faudra pas alourdir la phrase par la répétition de l'auxiliaire. Pour entretenir le suspense dans un roman, le passé simple est de rigueur.

• **Le futur simple**

– Le futur simple indique que **l'action aura lieu dans un temps à venir**, que ce temps soit déterminé ou non : *Nous présenterons le rapport très bientôt.*

– Le futur simple sert aussi à exprimer un ordre ou un conseil : *Mademoiselle, vous passerez à mon bureau cet après-midi.*

LE CONDITIONNEL

• **Le conditionnel présent**

Le conditionnel présent exprime **une possibilité** avec quelques nuances.

– L'action est soumise à une condition : *Si j'étais capable, je le ferais.*

– Il n'y a aucune condition : *Je me souviens très bien de lui ; je pourrais te le décrire en quelques lignes.*

– On émet une supposition : *Quand même on m'obligerait, je refuserais* au lieu de : *Même si on m'obligeait, je refuserais.*

– On exprime un désir : *Je mangerais deux bonnes pointes de tarte.*

– L'exactitude des faits n'est pas garantie : *Selon les dernières nouvelles, le condo serait entièrement détruit.*

L'IMPÉRATIF

• **L'impératif présent**

L'impératif présent porte l'action sur la volonté de quelqu'un. Il exprime un ordre, une défense, un conseil, un souhait ou une demande : *Veuillez vous asseoir. Venez. Ne parlez pas.*

LE SUBJONCTIF

• Le subjonctif présent

Le subjonctif présent s'emploie dans une subordonnée après la conjonction *que* :

– si le verbe de la principale exprime un **souhait**, une **volonté** ou un **doute** :
Je souhaite qu'elle me voie avant son voyage. Je veux qu'il m'entende bien.
Je doute qu'il me reconnaisse après tant d'années.

– si le verbe de la principale est à la **forme négative** :
Je ne suis pas assuré qu'elle m'aperçoive dans la foule.

Le subjonctif présent s'emploie aussi après le pronom relatif *qui* ou *que* :

– si le verbe de la principale exprime une **volonté**, un **désir** :
Je désire un itinéraire qui me satisfasse.

– si le verbe de la principale est à la **forme négative** ou **interrogative** :
Je ne trouve pas le moyen qui me convienne.
Trouves-tu un moyen qui te convienne ?

– si la principale renferme un **adjectif au superlatif** :
C'est le plus beau pays que nous puissions visiter.

La formation des temps simples

Il existe six modes ou six manières de présenter l'action ou l'état exprimé par le verbe. Ils se subdivisent en modes personnels (ceux qui indiquent des personnes) et en modes impersonnels (ceux qui n'indiquent pas de personnes).

Les temps simples n'ont qu'un seul mot alors que les temps composés sont formés de deux mots (l'auxiliaire et le participe passé).

Insistons maintenant sur ce mécanisme de conjugaison qui a permis la formation de certains temps qu'on appelle **temps dérivés**. Ces temps ont été formés à partir des cinq premiers temps que nous appelons **temps primitifs**.

Les temps primitifs et les temps dérivés

Cinq temps sont dits primitifs. Ce sont ces cinq temps qui ont formé les autres temps que nous appelons temps dérivés.
Primitifs : ce sont les premiers.
Dérivés : ce sont ceux qui proviennent des premiers.
Quels sont ces cinq temps primitifs ?

• L'**indicatif présent** a formé l'impératif présent.

• Le **participe présent** a formé l'indicatif présent (trois personnes du pluriel),l'indicatif imparfait et le subjonctif présent.

• Le **passé simple**, 2ᵉ personne du singulier, a formé le subjonctif imparfait.

• L'**infinitif présent** a formé le futur simple et le conditionnel présent.

• Le **participe passé** a formé les temps composés (deux mots) : auxiliaire et participe passé.

Grâce à ces grandes lignes directrices, vous pourrez maîtriser plus de 4 500 verbes réguliers formés par ces temps primitifs. Nous nous intéresserons davantage à cet ensemble de verbes plutôt qu'aux difficultés de la centaine de verbes irréguliers que nous pouvons résoudre en recourant au dictionnaire.

INDICATIF PRÉSENT ET TERMINAISONS DES TROIS PERSONNES DU SINGULIER

L'indicatif présente l'action comme étant certaine. Il exprime un fait réel dans un temps passé, présent ou futur.

Pour mieux comprendre les explications qui suivent, reportez-vous au *Tableau des terminaisons de l'indicatif présent* à la page 64.

Voyons en détail les trois groupes de verbes à l'indicatif présent en commençant par les terminaisons des trois personnes du singulier.

1ᵉʳ **groupe :**   **verbes en -er** (4 000 verbes environ).
Supprimer la terminaison **-er** de l'infinitif présent.
La remplacer par les terminaisons **-e**, **-es**, **-e** (au singulier).

J'aim **e** ;   tu remerci **es** ;   il contribu **e**.

2ᵉ groupe : **verbes en -ir** (300 verbes environ) **qui font -issons à la 1ʳᵉ personne du pluriel.**
Supprimer le **r** de la terminaison **-ir** de l'infinitif présent.
Ajouter les terminaisons **-s**, **-s**, **-t** (au singulier).

Je fini **s** ;   tu réfléchi **s** ;   il verni **t**.

3ᵉ groupe : **verbes en -ir, -oir, -tir, -tre, -re, -indre, -soudre et -dre** (200 verbes environ).

Les verbes en **-ir** qui ne font pas **-issons** et les verbes en **-oir** ont une formation très particulière. Ils sont environ 60, et il faut les apprendre. Insistons sur les verbes des autres terminaisons du 3ᵉ groupe. Ils sont environ 150.

Dans le cas des verbes en **-tir**, **-tre**, **-re**, on supprime la dernière syllabe de l'infinitif présent et on ajoute les terminaisons **-s**, **-s**, **-t**.

par **tir**   met **tre**   rédui **re**
Je par **s** ;   tu met **s** ;   il rédui **t**.

Pour les verbes en **-indre** et en **-soudre**, on supprime la dernière syllabe de l'infinitif présent **-dre** et on ajoute les terminaisons **-s**, **-s**, **-t**.

résou **dre**   crain **dre**   étein **dre**
Je résou **s** ;   tu crain **s** ;   il étein **t**.

Pour les autres verbes en **-dre** (comme *coudre*, *vendre*, *apprendre*, *répondre*, *répandre*, etc.), on supprime la dernière syllabe de l'infinitif présent **-dre** et on ajoute les terminaisons **-ds**, **-ds**, **-d**.

cou **dre**   répon **dre**   ven **dre**
Je cou **ds** ;   tu répon **ds** ;   il ven **d**.

Voici un tableau de l'indicatif présent qui résume toutes ces explications. Facile à retenir, il vous permettra d'éviter quantité d'erreurs dans l'accord du verbe.

Tableau des terminaisons de l'indicatif présent

1ᵉʳ GROUPE	2ᵉ GROUPE	3ᵉ GROUPE						
(-*ER*)	(*R*)	-IR	-OIR	(-*TIR*)	(-*TRE*)	(-*RE*)	-IN(*DRE*) -SOU(*DRE*)	(-*DRE*)
E	S	S	S	S	S	S	S	DS
ES	S	S	S	S	S	S	S	DS
E	T	T	T	T	( )	T	T	D
ONS	*ISSONS*	ONS	ONS	ONS	ONS	ONS	ONS	ONS
EZ	*ISSEZ*	EZ	EZ	EZ	EZ	EZ	EZ	EZ
ENT	*ISSENT*	ENT	ENT	ENT	ENT	ENT	ENT	ENT

 Une statistique nous révèle que, dans plus de la moitié des cas, nous utilisons le présent de l'indicatif. Il importe de bien maîtriser les terminaisons des divers groupes de verbes. Et comme il y a plus de 4 000 verbes du 1ᵉʳ groupe, ayons-les à l'œil !

 Le tableau de l'indicatif présent est si simple qu'il vaut la peine de l'apprendre par cœur une fois pour toutes.

Avant d'écrire un verbe au présent de l'indicatif, il faut se poser les questions suivantes:

– Quel est le groupe du verbe? [À partir de sa forme à l'infinitif.]

– À quelle personne est le verbe? [1ʳᵉ, 2ᵉ, 3ᵉ personne.]

– Quelle est la terminaison de ce verbe? ER? IR? OIR? RE?

Tableau-synthèse

ER	AUTRES	DRE
E	S	DS
ES	S	DS
E	T	D

Rappelons-nous que le mode indicatif présente l'action comme certaine ou réelle.

 Je **mets** ma cravate. Je **lirai** ce livre.

	AIMER	FINIR	COURIR	VOIR	PARTIR
JE	AIME	FINIS	COURS	VOIS	PARS
TU	AIMES	FINIS	COURS	VOIS	PARS
IL, ELLE	AIME	FINIT	COURT	VOIT	PART

	BATTRE	LIRE	CRAINDRE	RÉSOUDRE	VENDRE
JE	BATS	LIS	CRAINS	RÉSOUS	VENDS
TU	BATS	LIS	CRAINS	RÉSOUS	VENDS
IL, ELLE	BAT	LIT	CRAINT	RÉSOUT	VEND

C'est ainsi que se conjuguent environ 4 500 verbes réguliers. Les verbes du 1er et du 2e groupe suivent cette règle. Les verbes du 3e groupe la suivent également, sauf certains verbes en **-ir** (qui ne font pas **-issons**) et les verbes en **-oir**. Ces quelque 60 verbes en **-ir** et en **-oir** ont une conjugaison particulière.

I mpératif présent

*L'impératif présente l'action ou l'état comme un **commandement**, une exhortation ou une supplication. À l'impératif, **le sujet est sous-entendu**.*

 Aime ton travail ; **réfléchis** ; **pars** demain ; **lis** lentement ; **résous** ton cas ; **crains** le danger ; **prends** ton temps.

L'INDICATIF PRÉSENT (**temps primitif**) forme l'IMPÉRATIF PRÉSENT (**temps dérivé**).

Les terminaisons de l'impératif présent seront donc les mêmes que celles de l'indicatif présent. (Voir le tableau à la page 64.)

Mais **attention** ! À l'impératif présent, pour un verbe du 1er groupe (**-er**) à la 2e personne du singulier, la terminaison sera **-e** et non **-es**.

À L'INDICATIF PRÉSENT : Tu aim**es** ; Tu cri**es** ; Tu remerci**es**.

À L'IMPÉRATIF PRÉSENT : aim**e** ; cri**e** ; remerci**e**.

Tableau comparatif de l'indicatif présent et de l'impératif présent

AIMER	
Indicatif présent	**Impératif présent**
J' aim **e**	
Tu aim **es**	Aim **e**
Il, elle aim **e**	
Nous aim **ons**	Aim **ons**
Vous aim **ez**	Aim **ez**
Ils, elles aim **ent**	

Dans le tableau ci-dessous, on remarque que les verbes du deuxième et du troisième groupe ont la même terminaison à l'impératif présent et à l'indicatif présent. (Voir le tableau à la page 64.)

Tableau de l'impératif présent

1er groupe	2e et 3e groupe	Avoir	Être
-e	-s	Aie	Sois
-ons	-ons	Ayons	Soyons
-ez	-ez	Ayez	Soyez

CAS PARTICULIERS

1er cas :

À la 2e personne du singulier de l'impératif présent, les verbes du premier groupe ainsi que le verbe aller (3e groupe) prennent un **s** devant les pronoms **en** et **y**.

 Vas-**y** ; parles-**en** ; trouves-**en** ; penses-**y** ; cherches-**en**.

2e cas :

Il existe quelques verbes en **-ir** qui se terminent par **-e** à la 2e personne du singulier de l'impératif présent, comme les verbes du premier groupe. Ce sont :

> *cueillir, ouvrir, couvrir, offrir, souffrir, assaillir, tressaillir,*
> ainsi que les composés de *cueillir* et de *couvrir* :
> *accueillir, recueillir, recouvrir, découvrir.*

À la 2e personne du singulier de l'impératif présent, ces verbes font :

 Cueille, ouvre, couvre, offre, souffre, assaille, tressaille, accueille, recueille, recouvre, découvre.

À l'impératif présent, les verbes *avoir, être, savoir, vouloir* se formeront de la façon suivante :

AIE	SOIS	SACHE	VEUILLE
AYONS	SOYONS	SACHONS	VEUILLONS
AYEZ	SOYEZ	SACHEZ	VEUILLEZ

I NFINITIF PRÉSENT : LA FORMATION DU FUTUR SIMPLE ET DU CONDITIONNEL PRÉSENT

Former le futur simple et le conditionnel présent est très simple. Nous avons parlé, aux pages 62 et 63, des trois groupes de verbes. Dans le tableau des terminaisons de l'indicatif présent à la page 64, nous avons présenté les diverses terminaisons de l'infinitif.

Prenons les verbes en **-er,** en **-ir** [**-iss**] et en **-tir**.

Pour former le **futur simple**, on ajoute, à l'infinitif présent de ces verbes, les terminaisons de l'indicatif présent du verbe **avoir** :

J'	**ai**	Nous av	**ons**
Tu	**as**	Vous av	**ez**
Il, elle	**a**	Ils, elles	**ont**

J'	aimer **ai**	Je	crier **ai**	Je	finir **ai**	Je	partir **ai**
Tu	aimer **as**	Tu	crier **as**	Tu	finir **as**	Tu	partir **as**
Il, elle	aimer **a**	Il, elle	crier **a**	Il, elle	finir **a**	Il, elle	partir **a**
Nous	aimer **ons**	Nous	crier **ons**	Nous	finir **ons**	Nous	partir **ons**
Vous	aimer **ez**	Vous	crier **ez**	Vous	finir **ez**	Vous	partir **ez**
Ils, elles	aimer **ont**	Ils, elles	crier **ont**	Ils, elles	finir **ont**	Ils, elles	partir **ont**

Pour former le **conditionnel présent**, j'ajouterai à l'infinitif présent de ces verbes les terminaisons de l'indicatif imparfait du verbe **avoir** :

J'	av **ais**	Nous	av **ions**
Tu	av **ais**	Vous	av **iez**
Il, elle	av **ait**	Ils, elles	av **aient**

J'	aimer **ais**	Je	crier **ais**	Je	finir **ais**	Je	partir **ais**
Tu	aimer **ais**	Tu	crier **ais**	Tu	finir **ais**	Tu	partir **ais**
Il, elle	aimer **ait**	Il, elle	crier **ait**	Il, elle	finir **ait**	Il, elle	partir **ait**
Nous	aimer **ions**	Nous	crier **ions**	Nous	finir **ions**	Nous	partir **ions**
Vous	aimer **iez**	Vous	crier **iez**	Vous	finir **iez**	Vous	partir **iez**
Ils, elles	aimer **aient**	Ils, elles	crier **aient**	Ils, elles	finir **aient**	Ils, elles	partir **aient**

CAS PARTICULIERS

Les verbes en **-uer**, en **-ier** et en **-éer** conservent le **e** muet au futur simple et au conditionnel présent parce que la formation de ces temps pour l'ensemble des verbes en **-er** provient de l'infinitif présent. (Voir pp. 156-158 pour autres particularités verbales).

Voyons les formes que prennent ces verbes à la 1re personne (singulier et pluriel) du futur simple et du conditionnel présent.

	FUTUR SIMPLE	CONDITIONNEL PRÉSENT
Verbes en -*uer* **contribuer :**	je contribuer **ai** nous contribuer **ons**	je contribuer **ais** nous contribuer **ions**
Verbes en -*ier* **remercier :**	je remercier **ai** nous remercier **ons**	je remercier **ais** nous remercier **ions**
Verbes en -*éer* **créer :**	je créer **ai** nous créer **ons**	je créer **ais** nous créer **ions**

Pour les verbes en **-re,** on enlève le **e** de l'infinitif présent et on ajoute les terminaisons du futur simple et du conditionnel présent, comme dans les cas précédents.

Voici la conjugaison des verbes de cette catégorie :

FUTUR SIMPLE			CONDITIONNEL PRÉSENT	
SUIVR[E]	**ABATTR[E]**	**VENDR[E]**	**PRODUIR[E]**	
Je suivr **ai**	J' abattr **ai**	Je vendr **ais**	Je produir **ais**	
Tu suivr **as**	Tu abattr **as**	Tu vendr **ais**	Tu produir **ais**	
Il, elle suivr **a**	Il, elle abattr **a**	Il, elle vendr **ait**	Il, elle produir **ait**	
Nous suivr **ons**	Nous abattr **ons**	Nous vendr **ions**	Nous produir **ions**	
Vous suivr **ez**	Vous abattr **ez**	Vous vendr **iez**	Vous produir **iez**	
Ils, elles suivr **ont**	Ils, elles abattr **ont**	Ils, elles vendr **aient**	Ils, elles produir **aient**	

 Pour les verbes du 3ᵉ groupe en **ir** (qui ne font pas "iss"), et en oir, la formation du futur et du conditionnel est irrégulière.

Ⓟ ARTICIPE PRÉSENT, TEMPS PRIMITIF

*Le participe présent, temps primitif, a formé trois temps dérivés. Ces trois temps sont : l'indicatif présent (trois personnes du pluriel), l'indicatif imparfait et le subjonctif présent. Le participe présent est un mode non conjugué se terminant en **-ant**.*

crier	**finir**	**voir**	**lire**
↓	↓	↓	↓
cri **ant**	finiss **ant**	voy **ant**	lis **ant**

Le participe présent forme l'indicatif présent (trois personnes du pluriel)

Les terminaisons de l'indicatif présent aux trois personnes du pluriel sont : **-ons, -ez, -ent.** On supprime le **-ant** du participe présent et on le remplace par les trois terminaisons du pluriel de l'indicatif.

Cri **ant**	Finiss **ant**	Voy **ant**	Lis **ant**
Nous cri **ons**	Nous finiss **ons**	Nous voy **ons**	Nous lis **ons**
Vous cri **ez**	Vous finiss **ez**	Vous voy **ez**	Vous lis **ez**
Ils cri **ent**	Ils finiss **ent**	Ils voi **ent**	Ils lis **ent**

Le **y** se change en **i** devant une syllabe muette : voyent → voient.

Le participe présent forme l'indicatif imparfait

Les terminaisons de l'indicatif imparfait sont : **-ais**, **-ais**, **-ait**, **-ions**, **-iez**, **-aient**. Ces terminaisons remplacent le **-ant** du participe présent.

Cri**ant**		Finiss**ant**		Voy**ant**		Lis**ant**	
Je	cri **ais**	Je	finiss **ais**	Je	voy **ais**	Je	lis **ais**
Tu	cri **ais**	Tu	finiss **ais**	Tu	voy **ais**	Tu	lis **ais**
Il, elle	cri **ait**	Il	finiss **ait**	Il	voy **ait**	Il	lis **ait**
Nous	cri **ions**	Nous	finiss **ions**	Nous	voy **ions**	Nous	lis **ions**
Vous	cri **iez**	Vous	finiss **iez**	Vous	voy **iez**	Vous	lis **iez**
Ils, elles	cri **aient**	Ils, elles	finiss **aient**	Ils, elles	voy **aient**	Ils, elles	lis **aient**

Le participe présent forme le subjonctif présent

Pour former le subjonctif présent, on remplace le **-ant** du participe présent par les quatre terminaisons muettes du premier groupe à l'indicatif présent : **-e**, **-es**, **-e**, **-ent**, ainsi que par les terminaisons des deux personnes du pluriel à l'indicatif imparfait : **-ions**, **-iez**. Nous obtenons ainsi :

Cri**ant**		Finiss**ant**	
Que je	cri **e**	Que je	finiss **e**
Que tu	cri **es**	Que tu	finiss **es**
Qu'il, qu'elle	cri **e**	Qu'il, qu'elle	finiss **e**
Que nous	cri **ions**	Que nous	finiss **ions**
Que vous	cri **iez**	Que vous	finiss **iez**
Qu'ils, qu'elles	cri **ent**	Qu'ils, qu'elles	finiss **ent**

Voy**ant**		Lis**ant**	
Que je	voi **e**	Que je	lis **e**
Que tu	voi **es**	Que tu	lis **es**
Qu'il, qu'elle	voi **e**	Qu'il, qu'elle	lis **e**
Que nous	voy **ions**	Que nous	lis **ions**
Que vous	voy **iez**	Que vous	lis **iez**
Qu'ils, qu'elles	voi **ent**	Qu'ils, qu'elles	lis **ent**

 Le **y** se change en **i** devant une syllabe muette : vo**y**ent → vo**i**ent.

Tableaux comparatifs de l'indicatif présent et du subjonctif présent

L'**indicatif** indique qu'une action s'est faite (imparfait ou passé simple) se fait (indicatif présent) ou se fera (futur simple).

Le **subjonctif** présente l'action comme douteuse, incertaine, possible ou encore comme une obligation, un souhait, un espoir, un sentiment.

Le premier tableau ci-dessous nous fait voir un exemple de chaque groupe de verbes (voir tableau de l'indicatif présent à la page 64).

Le deuxième tableau nous rappelle que le participe présent a formé le subjonctif présent des verbes en **-er**, **-ir** (issant), **-tir** et **-re**. Les terminaisons de l'indicatif présent (1er groupe) **-e**, **-es**, **-e** et **-ent**, ainsi que celles de l'indicatif imparfait **-ions** et **-iez** se retrouvent dans l'ensemble des verbes au subjonctif présent.

Notons que certains verbes en **-ir** (3e groupe) comme *venir* et en **-oir** comme *recevoir* ont une formation particulière : *que je vienne, que je reçoive.*

INDICATIF PRÉSENT

CHANTER (1er)		FINIR (2e)		RÉSOUDRE (3e)	
Je	chant **e**	Je	fini **s**	Je	résou **s**
Tu	chant **es**	Tu	fini **s**	Tu	résou **s**
Il, elle	chant **e**	Il, elle	fini **t**	Il, elle	résou **t**
Nous	chant **ons**	Nous	finiss **ons**	Nous	résolv **ons**
Vous	chant **ez**	Vous	finiss **ez**	Vous	résolv **ez**
Ils, elles	chan **ent**	Ils, elles	finiss **ent**	Ils, elles	résolv **ent**

SUBJONCTIF PRÉSENT

[4 500 verbes]

CHANTER (1er)		FINIR (2e)		RÉSOUDRE (3e)	
Que je	chant **e**	Que je	finiss **e**	Que je	résolv **e**
Que tu	chant **es**	Que tu	finiss **es**	Que tu	résolv **es**
Qu'il, qu'elle	chant **e**	Qu'il, qu'elle	finiss **e**	Qu'il	résolv **e**
Que nous	chant **ions**	Que nous	finiss **ions**	Que nous	résolv **ions**
Que vous	chant **iez**	Que vous	finiss **iez**	Que vous	résolv **iez**
Qu'ils, qu'elles	chant **ent**	Qu'ils, qu'elles	finiss **ent**	Qu'ils, qu'elles	résolv **ent**

Au subjonctif présent, que les verbes soient du 1er, 2e ou 3e groupe, les terminaisons seront les mêmes pour plus de 4 500 verbes.

Pour les trois personnes du singulier de l'indicatif présent, le tableau de la page 64 est clair et simple.

Pour les trois personnes du pluriel de l'indicatif présent et pour le subjonctif présent, la terminaison **-ant** du participe présent fait place aux terminaisons exposées précédemment.

Plus de 4 500 verbes ont la même terminaison au subjonctif présent. Dans le tableau qui suit, on retrouve le subjonctif présent des verbes *avoir* et *être*.

AVOIR			ÊTRE		
Il faut	que j'	**aie**	Il faut	que je	**sois**
	que tu	**aies**		que tu	**sois**
	qu'il, qu'elle	**ait**		qu'il, qu'elle	**soit**
	que nous	**ayons**		que nous	**soyons**
	que vous	**ayez**		que vous	**soyez**
	qu'ils, qu'elles	**aient**		qu'ils, qu'elles	**soient**

Ayons et *ayez*, ainsi que *soyons* et *soyez*, ne prennent pas de **i** aux 1re et 2e personnes du pluriel, contrairement aux quelque 4 500 verbes qui ont comme terminaisons **-ions** et **-iez** au subjonctif présent.

Des exemples permettront de bien saisir la différence entre l'indicatif présent et le subjonctif présent.

Je **sais** que tu **entrevois** une solution.
[ind. prés.]   [ind. prés.]

Dans cet exemple, le verbe *entrevois* est à l'indicatif présent parce que la personne qui parle ne fait qu'indiquer qu'elle sait que «tu entrevois une solution».

Je **souhaite** que tu **entrevoies** bientôt une solution.
[ind. prés.]   [subj. prés.]

Dans cet exemple, le verbe *entrevoies* est au subjonctif présent parce que le verbe *souhaite* exprime le désir «que tu entrevoies une solution». C'est comme si l'on disait : Il faut que tu entrevoies une solution.

Les terminaisons des verbes réguliers au subjonctif présent sont celles du 1er groupe en ER : E, ES, E, ENT et les deux de l'indicatif imparfait IONS, IEZ. Le ANT du participe présent est alors supprimé pour faire place à ces terminaisons.

Retenons bien que le **subjonctif** est exigé lorsque le verbe exprime un **but**, un **sentiment**, un **souhait**, une **obligation**.

 Jacques **voit** son père maintenant, mais demain il faudra qu'il **voie** aussi sa sœur.

Le premier verbe *voit* est à l'**indicatif** présent. [Il exprime une **indication**.] Le deuxième verbe *voie* est au **subjonctif** présent. [Il exprime une **obligation**.]

Le subjonctif est aussi exigé lorsque le verbe de la proposition principale est à la forme négative.

 Je pense que tu **peux** réussir.
Je ne pense pas que tu **puisses** réussir.

Résumons :

Les terminaisons des verbes du 1er groupe à l'**indicatif présent** sont :
-E, -ES, -E, -ONS, -EZ, -ENT.

Les terminaisons de tous les verbes au **subjonctif présent** sont :
-E, -ES, -E, -IONS, -IEZ, -ENT.

 En supprimant le **-ant** du participe présent, nous avons
à l'indicatif présent les terminaisons **-e, -es, -e, -ons, -ez, -ent**
et, au subjonctif présent,   **-e, -es, -e, -ions, -iez, -ent**

PASSÉ SIMPLE

Le passé simple indique que l'action a eu lieu dans un temps bien déterminé et complètement écoulé tandis que l'indicatif imparfait, lui, indique que l'action avait lieu en même temps qu'une autre.

*Disons que le passé simple **raconte** alors que l'imparfait **décrit**.*
Comparons : Il lut [c'est un fait passé et simplement constaté].
Il lisait [l'action avait lieu en même temps qu'une autre].

 Pendant que **nous marchions** [indicatif imparfait] près de la rivière, **je** lui **demandai** [passé simple] son point de vue sur un sujet précis.

Tableau des terminaisons du passé simple

1er groupe	2e groupe	3e groupe	
CRIER	**FINIR**	**VOIR**	**LIRE**
cri -ai	fin -is	v -is	l -us
cri -as	fin -is	v -is	l -us
cri -a	fin -it	v -it	l -ut
cri -âmes	fin -îmes	v -îmes	l -ûmes
cri -âtes	fin -îtes	v -îtes	l -ûtes
cri -èrent	fin -irent	v -irent	l -urent

 Dans le troisième groupe, les terminaisons seront tantôt **-is**, tantôt **-us** comme dans le cas des verbes *produire* [je produisis] et *lire* [je lus].

 Quelques verbes du 3e groupe comme venir, tenir ont, au passé simple, les terminaisons **ins, ins, int, înmes, întes, inrent**.
Exemple : Je tins, tu tins, il tint, nous tînmes, vous tîntes, ils tinrent.

Pour former le subjonctif imparfait, nous utilisons la 2e personne du singulier du passé simple. Nous lui ajoutons un **s** et les terminaisons du subjonctif présent, sauf à la 3e personne du singulier, où l'on supprime le s et l'on ajoute un accent circonflexe sur la voyelle de la terminaison, ce qui donne **ât, ît** ou **ût**.

Voici quatre exemples concrets dans le tableau ci-dessous.

FORMATION DU SUBJONCTIF IMPARFAIT

Que je	crias **s** e	finis **s** e	vis **s** e	lus **s** e
Que tu	crias **s** es	finis **s** es	vis **s** es	lus **s** es
Qu'il, qu'elle	criât	finît	vît	lût
Que nous	crias **s** ions	finis **s** ions	vis **s** ions	lus **s** ions
Que vous	crias **s** iez	finis **s** iez	vis **s** iez	lus **s** iez
Qu'ils, qu'elles	crias **s** ent	finis **s** ent	vis **s** ent	lus **s** ent

 Les terminaisons du subjonctif imparfait **-e, -es, -ions, -iez, -ent** sont les mêmes terminaisons que celles du subjonctif présent.

 Pourquoi avoir ajouté un **s** entre la 2e personne du singulier du passé simple et la terminaison ? C'est pour éviter le son [z] entre les deux voyelles.

Les temps composés

Pour bien distinguer les temps simples des temps composés, observons le verbe *aimer* à chacun des temps simples (1 mot) et des temps composés (2 mots).

 Les temps composés sont formés des auxiliaires *avoir* ou *être* et du participe passé du verbe conjugué. Ils sont donc formés de deux mots.

TEMPS SIMPLES			TEMPS COMPOSÉS
Aimer	**Avoir**	**Être**	**Aimer**
INDICATIF			
Présent			**Passé composé**
J'aime	J'ai	Je suis	J'ai aimé
Imparfait			**Plus-que-parfait**
J'aimais	J'avais	J'étais	J'avais aimé
Passé simple			**Passé antérieur**
J'aimai	J'eus	Je fus	J'eus aimé
Futur simple			**Futur antérieur**
J'aimerai	J'aurai	Je serai	J'aurai aimé
IMPÉRATIF			
Présent			**Passé**
Aime	Aie	Sois	Aie aimé
CONDITIONNEL			
Présent			**Passé**
J'aimerais	J'aurais	Je serais	J'aurais aimé
SUBJONCTIF			
Présent			**Passé**
Que j'aime	Que j'aie	Que je sois	Que j'aie aimé
Imparfait			**Plus-que-parfait**
Que j'aimasse	Que j'eusse	Que je fusse	Que j'eusse aimé

Avant de parler du participe passé et de ses différents accords, faisons un tour d'horizon sur chacun des temps composés que nous employons couramment.

Le **PASSÉ COMPOSÉ**, formé d'un auxiliaire à l'indicatif présent et du participe passé, s'emploie pour exprimer :

•**le résultat présent d'une action réalisée dans un temps passé :**

 Nous avons résolu le problème ; que faisons-nous maintenant ?

•**une action récemment terminée dans le passé :**

 Ce matin, nous avons présenté notre projet.

•**une action située dans une période toujours en cours :**

Je l'ai rencontrée ce mois-ci. [Le mois n'est pas terminé.]

Le **PLUS-QUE-PARFAIT**, formé d'un auxiliaire à l'imparfait et du participe passé, s'emploie pour exprimer **une action qui a eu lieu immédiatement avant une autre action passée et exprimée au passé simple**.

Elle avait déjà quitté les lieux quand son ami se présenta.

L'emploi de l'imparfait et du plus-que-parfait peut aussi évoquer la répétition ou l'habitude.

Quand il avait terminé son travail, il appelait son enseignante.

Le **PASSÉ ANTÉRIEUR** s'emploie pour signifier qu'**une action passée s'est produite avant une autre action également passée**. D'où le nom de *passé antérieur*, c'est-à-dire «qui est avant», une action antérieure à une autre.

Dès que j'eus transcrit mon texte, je le remis au surveillant.
        [passé antérieur]   [passé simple]
Voilà deux actions : la transcription est antérieure à la remise du texte.

Le **FUTUR ANTÉRIEUR** indique qu'**une action se produira avant qu'une autre se produise dans le temps futur**. D'où le nom de *futur antérieur*. Deux actions se produiront : une d'entre elles sera antérieure à l'autre.

Quand je serai rendue chez moi, je t'appellerai.
        [futur antérieur]   [futur simple]
L'arrivée à la maison sera antérieure à l'appel.

Le **CONDITIONNEL PASSÉ** exprime **une action qui aurait pu être accomplie**.

 Si tu avais voulu, je t'aurais donné toutes les explications.

Pour exprimer une action produite dans le futur, on peut dire ceci :

 Si tu voulais réussir, je te donnerais toutes les explications.
[imparfait]   [cond. prés.]

Ⓜ ODE PARTICIPE

> *Le mode **participe qui tient du verbe** s'appelle **participe présent** parce qu'il indique que l'on participe à une action dans le temps déterminé par le verbe principal.*

 Les bouffons s'en allaient **chantant** des airs joyeux.

> *Le mode **participe qui tient de l'adjectif** s'appelle **adjectif verbal** parce que le participe présent est alors employé comme un adjectif qualifiant un nom. Il s'accorde en genre et en nombre avec le nom ainsi qualifié.*

 Les bouffons chantaient des airs **entraînants**.

 À la suite de la section sur le participe passé, nous reviendrons sur le participe présent en élaborant davantage.

Ⓟ ARTICIPE PASSÉ

> *Le participe passé est ainsi appelé parce qu'il présente toujours l'action comme étant accomplie dans le passé, le présent ou le futur. Ainsi nous dirons :*

 Hier soir, j'étais pris [part. passé] à mon propre piège. [Passé]
Voilà que je suis pris [part. passé] à mon propre piège. [Présent]
Mercredi, je serai pris [part. passé] à mon propre piège. [Futur]

Dans ce dernier exemple, le verbe est au futur, mais *pris* marque quand même le fait *accompli* dans le futur. Malgré son nom, le **participe passé** peut se rapporter à une action présente ou future aussi bien qu'à une action passée.

Tableau des terminaisons du participe passé

La terminaison des verbes du 1er groupe à l'infinitif est:	-ER.
Les terminaisons des verbes du 1er groupe au participe passé sont:	-é, -ée, -és, -ées.
La terminaison des verbes du 2e groupe à l'infinitif est:	-IR [-issons].
Les terminaisons des verbes du 2e groupe au participe passé sont:	-i, -ie, -is, -ies.
Les terminaisons des verbes du 3e groupe à l'infinitif sont:	-IR, -OIR, -RE.
Les terminaisons des verbes du 3e groupe au participe passé sont:	-i, -ie, -is, -ies.
	-is, -ise, -ises.
	-it, -ite, -its, -ites.
	-u, -ue, -us, -ues.
	-t, -te, -ts, -tes.

Le participe passé, employé seul, s'accorde *toujours* en genre (masculin ou féminin) et en nombre (singulier ou pluriel).

Voici des exemples pour chacun des groupes.

1er groupe: les verbes en -ER:

Un garçon	aimé,	une fille	aimée.
Des garçons	aimés,	des filles	aimées.

2e groupe: les verbes en -IR (-issant):

Un étudiant	épanoui,	une étudiante	épanouie.
Des étudiants	épanouis,	des étudiantes	épanouies.

3e groupe: les verbes en -IR:

Un droit	acquis,	une expérience	acquise.
Des droits	acquis,	des expériences	acquises.

les verbes en -OIR:

Un service	reçu,	une lettre	reçue,
Des services	reçus,	des lettres	reçues.

les verbes en -RE :

Un voyage	permis,	une randonnée	permise,
Des voyages	permis,	des randonnées	permises.

Certains verbes du troisième groupe auront leur participe passé en **-it**, **ert** ou en **-u**.

SENTIR	→	SENTI
PRODUIRE	→	PRODUIT
COUVRIR	→	COUVERT
COURIR	→	COURU
FAIRE	→	FAIT
LIRE	→	LU

Pour écrire correctement le participe passé au masculin, il faut le mettre au féminin.

Le mur est démoli.	La maison est démolie.
Le jeu est permis.	La pêche est permise.
Le sirop est réduit.	La crème est réduite.
Le magasin est ouvert.	La porte est ouverte.

Ⓐ CCORD DU PARTICIPE PASSÉ

Le participe passé verbe exprime une action faite (verbe d'action) ou une action subie (verbe d'état).

Alexandre **a préparé** un repas succulent. [Il a fait l'action de préparer le repas.]

Blessée dans son orgueil, elle regretta son geste. [Elle n'a pas fait l'action de blesser : elle a subi cette action. Elle a été blessée.]

Si le participe passé perd sa valeur de verbe, il sera employé comme un adjectif qualificatif. Ainsi, nous dirons :

Ces athlètes **qualifiés** rendront de précieux services à leur équipe.
Ces athlètes **généreux** rendront de précieux services à leur équipe.

Nous reconnaissons *qualifiés* comme un adjectif qualifiant le nom *athlètes*. Il agit au même titre que l'adjectif *généreux* dans la phrase suivante, c'est-à-dire qu'il s'accorde en genre et en nombre avec le nom *athlètes*.

Maintenant que nous pouvons reconnaître nos participes passés, voyons comment nous allons les accorder.

Le participe passé employé seul ou sans auxiliaire

> *Le participe passé employé seul est parfois appelé participe adjectif. Il exprime une qualité résultant d'une action :*

• soit comme épithète qualifiant le nom :

 J'ai vu une personne **étendue** sur le sol.
[*Étendue* qualifie le nom *personne*, féminin singulier.]

La lumière **allumée** nous éclaire.
[La lumière qui a été allumée.]

Dans ce dernier exemple, l'action d'allumer la lumière s'est faite précédemment. Nous avons donc affaire à un participe passé employé seul ; celui-ci s'accorde en genre et en nombre avec le nom *lumière*, féminin singulier.

• soit comme épithète détachée du nom ou du pronom :

 Étendue, elle se reposait.
[Participe passé employé seul, *étendue* s'accorde avec le pronom *elle*, féminin singulier.]

Partis de grand matin, nos amis marcheront jusqu'au soir.
[L'action de partir a eu lieu dans un temps passé. *Partis* est un participe passé employé seul. Il s'accorde en genre et en nombre avec le nom *amis*, masculin pluriel.]

Voici cinq autres exemples qui illustrent l'accord du participe passé employé sans auxiliaire.

 Cachées sous les arbres, nous demeurions toutes silencieuses.

Tous les travaux **produits** par l'élève méritent une appréciation.

Transmises à la présidente, ces informations seront précieuses.

Toutes ces notions bien **comprises** et facilement **retenues** serviront à nos secrétaires **expérimentées**.

Écrits par des spécialistes chevronnés, **traduits** en plusieurs langues, tous ces volumes se vendent comme de petits pains chauds.

Nous retrouvons, dans ces exemples, des participes passés employés sans l'auxiliaire *avoir* ni l'auxiliaire *être*. Ils s'accordent, comme des adjectifs qualificatifs, en genre et en nombre avec le nom ou le pronom auquel ils se rapportent.

Qu'est-ce au juste qu'un auxiliaire?

Dans la langue de tous les jours, un auxiliaire est une personne qui apporte son aide. Ainsi, dans un hôpital, l'infirmière auxiliaire aide l'infirmière auprès des malades. De la même façon, dans une phrase, **l'auxiliaire** *avoir* **et l'auxiliaire** ***être* aident le verbe à former des temps composés.**

Joignons l'auxiliaire *avoir* ou l'auxiliaire *être* avec les participes passés : *chanté*, *fini*, *vu*, *pris*. Nous obtenons les temps composés suivants :

 J'ai chanté ; il avait fini ; nous serons vus ; il aura pris.
[aux. + part. passé] [aux. + part. passé] [aux. + part. passé] [aux. + part. passé]

Le participe passé employé avec l'auxiliaire *être*

Le participe passé employé avec l'auxiliaire être s'accorde, comme un adjectif qualificatif, en genre et en nombre avec le nom ou le pronom auquel il se rapporte. Ce nom ou ce pronom est alors le sujet du verbe.

 La lumière est **allumée**.

[Le participe passé *allumée* est ici accompagné de l'auxiliaire *être* ; il s'accorde comme un adjectif qualificatif avec le nom *lumière* qui est du féminin singulier.]

Nos amis sont **partis** de grand matin.

[Le participe passé *partis* est utilisé avec l'auxiliaire *être* : il s'accorde, comme un adjectif, en genre et en nombre avec le nom auquel il se rapporte. Ici, il est attribut du nom *amis*, qui est du masculin pluriel ; il se mettra donc au masculin pluriel.]

Voici cinq autres exemples qui illustrent l'accord du participe passé employé avec l'auxiliaire *être* ou un semi-auxiliaire comme: paraître, sembler, demeurer, rester, devenir, etc.

Les blessés **furent** vite **transportés** à l'hôpital.

Les lettres **ont été écrites** à la main. Elles **ont été traduites** en trois langues. Elles **seront imprimées** sur papier glacé.

Ces sportifs travaillent fort pour **être choisis** dans l'équipe d'étoiles.

Quatre personnes **semblaient mortes** à l'arrivée des ambulanciers.

Elle **avait été surprise** en apprenant cette triste nouvelle.
Elle **aurait été surprise** en apprenant cette triste nouvelle.

Nous avons reconnu le participe passé précédé de l'auxiliaire *être*. Ce participe passé s'accorde en genre et en nombre avec le sujet du verbe. À remarquer: l'emploi de *ont été, avait été, aurait été*. Ce n'est pas l'auxiliaire *avoir* qu'on retrouve dans ces exemples mais bien l'auxiliaire *être*.

• Le pronom indéfini on

Quand le participe passé précédé de l'auxiliaire *être* se rapporte au pronom indéfini *on*, ce participe passé se met habituellement au masculin singulier.

On vit heureux quand **on** est **satisfait** de ce qu'on a.

Dans cet exemple, le pronom *on* ne désigne personne en particulier; il peut aussi bien remplacer une ou plusieurs personnes. Le participe passé *satisfait* se met alors au masculin singulier.

Toutefois, quand il est évident que le pronom *on* remplace un nom du féminin ou un nom désignant plusieurs personnes déjà mentionnées, le participe passé s'accorde alors en genre et en nombre avec ce nom.

Comme personnes âgées, **on** était **enchantées** de notre soirée.

Dans cet exemple, le pronom *on* remplace *personnes âgées*, du féminin pluriel. Le participe passé *enchantées* accompagné de l'auxiliaire *être* s'accorde avec le nom *personnes*, du féminin pluriel.

Le participe passé employé avec l'auxiliaire *avoir*

1er cas : Le participe passé employé avec l'auxiliaire avoir est invariable quand il n'a pas de complément d'objet direct (COD).

2e cas : Le participe passé employé avec l'auxiliaire avoir est invariable quand son complément d'objet direct est placé après le participe.

3e cas : Le participe passé employé avec l'auxiliaire avoir s'accorde en genre et en nombre avec le complément d'objet direct quand celui-ci est placé avant le participe.

Ce qui revient à dire que le participe passé employé avec l'auxiliaire *avoir* ne s'accorde que dans le troisième cas.

Il s'accordera toujours avec le COD placé avant le verbe. Pour trouver le COD, il suffit de poser la question «Qui ?» pour les personnes, ou la question «Quoi ?» pour les choses.

CETTE QUESTION SE POSE TOUJOURS APRÈS LE VERBE.

Voici quelques exemples pour bien résumer cette règle toute simple, mais qu'il faut comprendre pour bien l'appliquer.

 Hier, nous avons bien mangé.

Hier, nous avons mangé de délicieuses pommes.

Ces pommes, nous les avons mangées avec appétit.

Ces pommes que nous avons mangées étaient bien bonnes.

Dans le premier exemple, nous avons l'auxiliaire *avoir*. Pour trouver un COD, il suffit de poser la question «Quoi ?» après le verbe :
Nous avons mangé quoi ? Aucune réponse. Le participe passé ne s'accorde donc pas.

Dans le deuxième exemple, nous avons l'auxiliaire *avoir*. Pour trouver un COD, il suffit de poser la question «Quoi ?» après le verbe :
Nous avons mangé quoi ? De délicieuses *pommes*. Le COD est placé après le verbe, le participe passé ne s'accorde donc pas.

Dans le troisième exemple, nous avons l'auxiliaire *avoir*. Pour trouver un COD, il suffit de poser la question «Quoi?» après le verbe:
Nous avons mangé quoi? Le COD est le pronom personnel *les* remplaçant le nom *pommes*, féminin pluriel. Le participe passé s'accorde ici en genre et en nombre avec le COD *les*, du féminin pluriel. Donc: **mangées**.

Dans le dernier exemple, nous avons toujours l'auxiliaire *avoir*. Cherchons le COD: **Nous avons mangé quoi?** *Que*, pronom relatif, toujours COD, remplaçant le nom *pommes*, féminin pluriel. Donc: **mangées**.

 Retenons ceci: Les pronoms personnels *le*, *la*, *les*, ainsi que le pronom relatif *que*, sont toujours COD, sauf quelques très rares exceptions. Vous retrouvez **le**, **la**, **les** devant le participe passé; et le **que**, comme pronom relatif ayant un antécédent. Le participe passé s'accorde toujours en genre et en nombre avec le nom que ces pronoms remplacent.

 Il importe de distinguer le participe passé de l'indicatif présent. Pour écrire correctement un participe passé, comme n'importe quel autre mot, il est très important de savoir à quoi nous avons affaire. Voici deux exemples qui vont nous en convaincre.

 L'enfant **remplit** son verre de lait [ind. présent].

Nous retrouvons ici le verbe *remplir*. Est-il conjugué? Posons-nous la question: Qui fait l'action de remplir? C'est l'enfant, sujet du verbe à la 3e personne du singulier. Nous avons ici un verbe en **-ir** [-issons] du 2e groupe, à l'indicatif présent; sa terminaison sera **-t** (voir le tableau de la page 64).

 L'enfant **a rempli** son verre de lait [ind. passé composé].

Voilà encore le verbe *remplir*. En disant: «L'enfant a rempli», on affirme que l'enfant a déjà fait l'action de remplir dans le passé. Le verbe est ici à un temps composé; il est formé de l'auxiliaire *avoir* et du participe passé *rempli*.

En présence de l'auxiliaire *avoir*, on cherche si le verbe a un complément d'objet direct placé devant lui. Je pose la question: L'enfant a rempli quoi? Son verre de lait. Le COD est placé après. Le participe passé ne s'accorde pas. Au féminin, le participe passé *rempli* fait *remplie*. Nous écrirons: la pinte est remplie de lait. Voilà pourquoi le participe passé *rempli* se termine par **-i** et non par -is ou -it tel que nous l'avons présenté dans le tableau de la page 78.

FORMES DU VERBE

> *La forme[2] du verbe, c'est la façon dont le verbe est employé.*
> *Un verbe peut être utilisé aux formes active, passive, impersonnelle*
> *ou pronominale.*

Forme active

> *Le sujet fait l'action que le verbe exprime.*

 Un chauffeur **transporte** des enfants.

Pour accorder le verbe *transporter* qui est conjugué, posons-nous la question habituelle : Qui fait l'action de transporter les enfants ? C'est le chauffeur.

Le verbe est ici à la **forme active** parce que **le sujet fait l'action exprimée par le verbe**. C'est bien le chauffeur qui fait l'action de transporter les enfants.

Forme passive

> *Le sujet subit l'action que le verbe exprime.*

 Les enfants **sont transportés** par un chauffeur.

Dans cet exemple, nous remarquons que ce ne sont pas les enfants qui font l'action de transporter. Posons-nous la question : Qui sont transportés ? Ce sont les enfants. Le sujet de *sont transportés* est donc *enfants*. Comme **les enfants subissent l'action exprimée par le verbe**, nous avons un verbe à la **forme passive**. C'est le chauffeur qui fait l'action de transporter les enfants ; *chauffeur* est le complément d'agent, c'est-à-dire celui qui agit.

---

2. Les grammairiens (Bescherelle, Grevisse ou Galichet) utilisent tantôt l'expression *voix*, tantôt l'expression *forme*. Nous avons choisi cette dernière.

Forme impersonnelle

*Lorsqu'un verbe impersonnel ou employé impersonnellement s'accompagne du sujet **il**, le pronom il ne représente personne. (C'est pourquoi on l'appelle sujet apparent.)*

 Il arrive qu'**il** pleuve plusieurs jours d'affilée.

Nous voyons ici que **il** ne représente pas une personne ni une chose et ne fait pas vraiment l'action exprimée par le verbe.

Forme pronominale

Un verbe est à la forme pronominale quand le pronom complément désigne la même personne ou le même être que le sujet.

 Les mannequins **se regardent** dans le miroir.

Dans cet exemple, *mannequins* et *se* représentent les mêmes personnes.

Nous reconnaissons qu'un verbe est à la forme pronominale quand nous avons :

je me; tu te; il se; elle se; nous nous; vous vous; ils se; elles se.

SINGULIER		PLURIEL	
sujet	**complément**	**sujet**	**complément**
je	me	nous	nous
tu	te	vous	vous
il	se	ils	se
elle	se	elles	se

Je me promène. [Verbe à la forme pronominale : temps simple.]
Je me suis promené. [Verbe à la forme pronominale : temps composé.]

Le pronom complément *me* et le sujet *je* désignent le même être. Nous avons donc un verbe à la forme pronominale.

CAS PARTICULIERS

Le participe passé d'un verbe à la forme pronominale

Quand un verbe est employé à la forme pronominale, il faut d'abord se poser la question suivante : **Est-il** *toujours* **à la forme pronominale ?**

 Ils **se sont absentés** de la course.

Avant de répondre à la question, rappelons qu'un verbe peut être employé à la forme active ou à la forme passive.

À la forme active, le sujet fait l'action.

 La directrice signe la lettre. [Le sujet *directrice* fait l'action de signer.]

À la forme passive, le sujet subit l'action.

 La lettre est signée par la directrice. [Le sujet *lettre* ne fait pas l'action de signer.]

Les verbes essentiellement pronominaux

Revenons à l'exemple cité plus haut :

 Ils **se sont absentés** de la course.

Posons-nous la question : **Le verbe** *s'absenter* **est-il toujours pronominal ?** Peut-on employer ce verbe à la forme active comme dans «J'absente mon frère» ? Non.
Le verbe *s'absenter* est donc un verbe **essentiellement pronominal**.
Cela signifie que le verbe *s'absenter* est toujours à la forme pronominale.

Le participe passé d'un verbe essentiellement pronominal s'accorde, comme un adjectif attribut, en genre et en nombre avec le sujet du verbe.

Reprenons notre exemple :

 Ils **se sont absentés** de la course.

Absentés est attribut de *ils*. Le participe passé se met donc au masculin pluriel.

Autre exemple

 Ces dames **se sont méfiées** de leurs voisins.

Question : **Le verbe *se méfier* est-il *toujours* à la forme pronominale ?**
Réponse : Oui. Le verbe *se méfier* est *toujours* à la forme pronominale.

Le participe passé *méfiées* s'accorde donc comme un adjectif attribut avec le sujet *dames*, au féminin pluriel.

Les verbes accidentellement pronominaux

Si, à la question posée « **Ce verbe est-il toujours à la forme pronominale ?** » la réponse est non, c'est parce que ce verbe peut se retrouver à la forme active. Nous dirons alors que ce verbe est **accidentellement pronominal**.

 Ces jeunes filles **se sont promenées** à bicyclette.

Le verbe *promener* peut s'employer à la forme active. Le sujet peut faire l'action de *promener* quelqu'un. On peut dire : *Le guide promène les touristes.* C'est le guide qui fait l'action de promener les touristes. Ce verbe peut donc être employé à la forme active. Le verbe *se promener* n'est pas toujours à la forme pronominale. On dit qu'il est **accidentellement pronominal**.

Reprenons notre exemple :

 Ces jeunes filles **se sont promenées** à bicyclette.

Quand le verbe est accidentellement pronominal, nous remplaçons l'auxiliaire *être* par l'auxiliaire avoir et nous cherchons le complément d'objet direct :

Ces jeunes filles (elles) ont promené qui ? La réponse est *se*, COD placé devant le participe passé. Le participe passé s'accorde en genre et en nombre avec le COD *se*, mis pour *filles*, féminin pluriel : *promenées*.

Autre exemple :

 Les boxeurs **se sont cassé** le nez en livrant leur combat.
       [COI]   [COD]

Posons notre question : **Le verbe *casser* est-il toujours à la forme pronominale ?** La réponse est non. En effet, on peut retrouver le verbe *casser* à la forme active. On peut dire : *Jules a cassé le miroir.*

Reprenons l'exemple :

 Les boxeurs **se sont cassé** le nez en livrant leur combat.

Quand le verbe est accidentellement pronominal, on remplace l'auxiliaire *être* par l'auxiliaire *avoir* et on cherche le complément d'objet direct :

Les boxeurs ont cassé quoi ? Le nez. Le complément d'objet direct est placé après le participe passé : ce participe passé ne s'accorde donc pas.

Ils ont cassé le nez de qui ? De *se*. Ici, *se* n'est pas COD, il est COI.

Autre exemple :

 Ils se sont blessés à la jambe en tombant.

Le verbe *blesser* est-il toujours pronominal ? Non, car on peut dire, à la forme active : *J'ai blessé un ami.*

On remplace donc l'auxiliaire *être* (*sont*) par l'auxiliaire *avoir* (*ont*) et on pose la question : Ils ont blessé qui ? *Se*. Le complément d'objet direct est placé avant le participe passé ; celui-ci s'accorde donc en genre et en nombre avec le COD.

Certains verbes, qu'ils soient à la forme active ou pronominale, n'ont jamais de complément d'objet direct. Ainsi en est-il des verbes **nuire**, **plaire**, **succéder**, **ressembler**, **mentir**, **rire** : on nuit, on plaît, on succède, on ressemble, on ment **à** quelqu'un ; on rit **de** quelqu'un ou **de** quelque chose.

 Sa négligence et son mauvais caractère ont nui **à son image** [COI].
La fille aînée a succédé **à son père** [COI].
Je ressemblais **à mon frère** [COI].
Nous avons ri **de ses farces** [COI].
Les filles avaient vraiment menti. [Le verbe menti n'a pas de COD]

Ces verbes sont accidentellement pronominaux puisqu'ils se conjuguent aussi à la forme active. Voici des exemples où ils sont utilisés à la forme pronominale.

Ils se sont **nui** en jouant.
Les danseurs se sont **plu** dans leur activité.
Pendant des siècles, les rois se sont **succédé** sur le trône.

Il faut remplacer l'auxiliaire *être* par l'auxiliaire *avoir* et chercher le complément d'objet direct. **Les verbes qui n'ont jamais de complément d'objet direct seront toujours invariables**, qu'ils soient à la forme active ou pronominale.

 Nous pensions qu'ils nous aideraient ; ils nous **ont** plutôt **nui** [forme active].

À la fin de la partie, les joueurs **se sont nui** [forme pronominale].

Le participe passé **nui** n'a jamais de COD : il ne s'accordera jamais.

 Voir l'explication sur les verbes transitifs directs et indirects, et les verbes intransitifs, à la page 134.

Avant de terminer l'explication relative au participe passé des verbes à la forme pronominale, observons quelques verbes qui n'existent que sous la forme pronominale. Ils seront accompagnés de l'auxiliaire *être* et **le participe passé s'accordera en genre et en nombre avec le sujet du verbe**.

s'absenter	s'abstenir	s'acharner	s'affaiblir
se chamailler	se démener	se désister	s'ébahir
s'ébattre	s'écrouler	s'efforcer	s'emparer
s'empresser	s'en aller	s'enfuir	s'envoler
s'évader	s'évanouir	se hâter	s'infiltrer
s'ingénier	s'ingérer	s'insurger	se lamenter
se méfier	se moquer	s'y prendre	se presser
se prévaloir	se raviser	se rebeller	se réfugier
se repentir	se soucier	se ressentir	se souvenir
se suicider	s'immiscer	se quereller	

Environ une quarantaine de verbes ne se conjuguent qu'à la forme pronominale. L'auxiliaire *être* accompagne toujours leur participe passé qui s'accorde en genre et en nombre avec le sujet du verbe.

 Les visiteurs se sont **moqués** de nous.
[Verbe essentiellement pronominal ; le participe passé *moqués* s'accorde avec le sujet du verbe.]

Les élèves se sont **querellés** dans la cour de récréation.
[Verbe essentiellement pronominal ; le participe passé *querellés* s'accorde avec le sujet du verbe.]

PARTICIPE PASSÉ SUIVI D'UN INFINITIF

Pour accorder un participe passé suivi d'un infinitif, nous devons nous demander si le pronom placé devant le verbe conjugué est complément d'objet direct de ce verbe ou bien de l'infinitif qui suit ce verbe conjugué.

Quelques exemples nous aideront à mieux comprendre cet énoncé.

 Les arbres que j'**ai vus** grandir ont été coupés.

Posons-nous d'abord la question : **Est-ce que les arbres grandissaient ?** La réponse est oui. Alors le participe passé *vus* s'accorde.

J'ai vu quoi ? J'ai vu *que*, mis pour les arbres qui grandissaient. Le participe passé *vus* s'accorde alors en genre et en nombre avec le pronom relatif *que*, COD remplaçant *arbres*. Le participe passé *vus* se met au masculin pluriel.

 Les arbres que j'**ai vu** couper étaient tous pourris.

Posons-nous encore la question : **Est-ce que les arbres coupaient ?** La réponse est non. Alors le participe passé *vu* ne s'accorde pas.

J'ai vu quoi ? J'ai vu couper. Le verbe *couper* est complément d'objet direct de *ai vu*. Le participe passé *vu* ne s'accorde pas parce que le complément d'objet direct est placé après le participe passé.
J'ai vu couper quoi ? *Que*, complément d'objet direct remplaçant *arbres*. *Que* étant complément d'objet direct du verbe *couper*, le participe passé *vu* ne s'accorde pas.

 Les personnes que j'**ai vues** applaudir sont reparties très heureuses de leur soirée.

Posons-nous toujours la même question : **Est-ce que les personnes applaudissaient ?** La réponse est oui. Donc j'ai vu *que*, mis pour les personnes qui applaudissaient. Le participe passé *vues* s'accorde avec le COD *que*, pronom relatif, remplaçant le nom *personnes*, du féminin pluriel.

 Les personnes que j'ai **fait** engager semblaient compétentes.

J'ai fait quoi ? *Engager*. Le verbe *engager* est complément d'objet direct du verbe *ai fait*. Il est placé après le participe passé *fait* ; celui-ci ne s'accorde donc pas. J'ai fait engager qui ? *Que* mis pour *personnes*. *Que* est donc complément d'objet direct de l'infinitif *engager*.

ⓟARTICIPES PASSÉS *DÛ, CRU, PU, SU, VOULU, PENSÉ, DIT, PRÉVU*, ETC.

Ces participes passés restent invariables quand le complément d'objet direct est sous-entendu (après le participe passé).

Voyons trois exemples.

 Il n'a pas payé toutes les sommes **qu**'il aurait **dû** [payer, sous-entendu].

Il aurait dû quoi ? *Payer*, complément d'objet direct sous-entendu, placé après le participe passé. *Dû* est donc invariable.

Poursuivons le raisonnement. Il aurait dû payer quoi ? *Qu'*, mis pour *sommes*. *Qu'* est donc complément d'objet direct du verbe *payer* (sous-entendu).

 Je lui ai rendu tous les services **que** j'ai **pu** [rendre, sous-entendu].

J'ai pu quoi ? *Rendre*, complément d'objet direct sous-entendu, placé après le participe passé. *Pu* est donc invariable.

Et j'ai pu rendre quoi ? *Que* mis pour *services*. *Que* est complément d'objet direct du verbe *rendre* sous-entendu.

 Je lui ai chanté toutes les chansons **qu**'il a **voulu** [que je lui chante, sous-entendu].

Il a voulu quoi ? *Que je lui chante*, complément d'objet direct sous-entendu, placé après le participe passé. *Voulu* ne varie pas. Et il a voulu que je lui chante quoi ? *Qu'*, mis pour *chansons*. *Qu'* est COD du verbe *chante*, sous-entendu.

ⓟARTICIPES PASSÉS *COÛTÉ, VALU, PESÉ, DORMI, RÉGNÉ, VÉCU*, ETC.

*Ces participes passés restent invariables quand le complément auquel ils sont reliés **n'est pas un complément d'objet direct**, mais bien un **complément circonstanciel** (de prix, de durée, de distance, etc.).*

 Les six cents dollars que ce meuble m'a **coûté**. [Combien ?]
J'ai profité des 13 heures que j'ai **dormi**. [Combien de temps ?]
Les 20 kilogrammes que ce colis a **pesé**. [Combien ?]

Certains de ces verbes peuvent cependant avoir un complément d'objet direct.

 Les paquets **que** j'ai **pesés** étaient lourds.

J'ai pesé quoi ? *Que*, mis pour *paquets*. Le complément d'objet direct est placé devant le participe passé; celui-ci s'accorde donc.

 Les avantages **que** ce travail lui a **valus** furent appréciables.

Ce travail lui a valu quoi ? *Que*, mis pour *avantages*. Le complément d'objet direct est placé devant le participe passé ; celui-ci s'accorde donc.

Pour faire la distinction entre les participes passés se rapportant à un complément circonstanciel de prix, de durée, de distance, etc., et ceux se rapportant à un complément d'objet direct, il faut déterminer si le verbe est employé au sens propre (complément circonstanciel) ou au sens figuré (complément d'objet direct).

Si le verbe est employé au sens propre, il amène un complément de circonstance comme nous le constatons dans les trois premiers exemples présentés au bas de la page 92.

Si le verbe est employé au sens figuré, comme dans les deux exemples ci-dessus, il amène un complément d'objet direct. *Pesés* et *valus* s'accordent avec le COD placé devant chacun d'eux. Le mot *pesés* signifie ici «déposés sur une balance» tandis que *valus* signifie «obtenus». Dans ces deux cas, *que* est bel et bien un COD des verbes *ai pesés* et *a valus*.

PARTICIPE PASSÉ PRÉCÉDÉ DE *EN*

En règle générale, les grammairiens s'accordent à dire que le participe passé précédé de en est invariable parce que en est un pronom neutre et partitif qui signifie « de cela, de lui, d'elle, d'eux ou d'elles ». En est alors un COI.

 Chacun m'a offert ses services, mais personne ne m'**en** a **rendu**. [Personne ne m'a rendu de *cela*, pronom neutre, COI.]

S'il y a un adverbe de quantité placé devant *en*, le participe passé reste invariable.

 De ces pommiers expédiés, combien **en** avez-vous **planté** ? Des conseils, plus ils **en** ont **eu**, moins ils **en** ont **profité**. [On profite de quoi ? De en, complément d'objet indirect.]

CAS PARTICULIER

S'il y a un autre pronom que **en** comme complément d'objet direct, le participe passé s'accorde avec ce complément d'objet direct.

 Cette maison est plus jolie que la description **qu'**on m'**en** avait **donnée**. [On m'avait donné quoi? *Qu'*, mis pour *description*]. Quelle description? La description de *en*, mis pour *maison* [COI].

PARTICIPE PASSÉ PRÉCÉDÉ DU PRONOM PERSONNEL *L'*

*Le participe passé précédé du pronom personnel **l'** est invariable si ce pronom signifie **cela** (neutre).*

 La maladie est plus **sérieuse** que nous **l'**avions **imaginé**.

Nous avions imaginé non pas la maladie, mais **cela**, c'est-à-dire le fait qu'elle était **sérieuse**.

Il importe de faire la distinction entre ce cas et celui qui suit.

 La jeune fille a souri quand je **l'**ai **regardée**.

J'ai regardé qui? *L'*, mis pour *jeune fille*. Le participe passé s'accorde avec le complément d'objet direct placé devant lui: il est au féminin singulier.

PARTICIPE PASSÉ PRÉCÉDÉ DE *LE PEU*

*Le participe passé précédé de **le peu** s'accorde avec le complément de **le peu** si cette expression signifie « une petite quantité » ou « une quantité suffisante ».*

 Le peu d'**efforts** qu'il a **fournis** lui **ont** suffi pour réussir.

Pour accorder les deux verbes *a fournis* et *ont suffi*, raisonnons ainsi: ce sont les efforts qu'il a fournis, même s'il en a fourni peu, qui lui ont suffi pour réussir. Le participe passé *fournis* s'accorde avec son complément d'objet direct *qu'*, mis pour *efforts*, qui exprime l'idée principale. Ici, on peut même supprimer *le peu* sans changer le sens de la phrase.

Le participe passé précédé de **le peu** ne varie pas si cette expression signifie « le manque » ou « l'insuffisance ».

Le peu d'efforts qu'ils ont **fourni** ne leur **a** pas suffi pour réussir.

Dans ce deuxième cas, les individus ont échoué, non parce qu'ils ont fait des efforts, mais parce qu'ils en ont fait trop peu. L'accent est mis ici sur l'insuffisance. Voilà pourquoi le participe passé *fourni* et le verbe *a suffi* restent au singulier ; ils s'accordent avec *le peu*, et non avec *efforts*. On ne peut donc pas supprimer *le peu*.

En résumé : • Le participe ne s'accorde avec le complément de **le peu** que si le sens permet de supprimer **le peu**.

• Le verbe précédé de **le peu** et d'un complément s'accorde avec celui des deux mots qui fait l'action.

PARTICIPES PASSÉS *CI-JOINT*, *CI-INCLUS* ET *CI-ANNEXÉ*

Ces participes passés sont souvent employés dans la correspondance. La règle qui préside à leur accord est très simple.

Ils sont **invariables** dans les deux cas suivants :

• **Quand ils commencent une phrase sans inversion.**

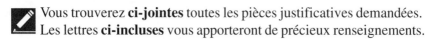 **Ci-joint** le rapport financier du mois.
Ci-inclus les pièces que vous m'avez demandées.

• **Quand ils sont placés devant un nom sans déterminant.**

Vous trouverez **ci-joint** copie d'une lettre demandée dernièrement.
Je ne vous ai pas oublié et voilà pourquoi vous trouverez **ci-annexé** copie des jugements rendus.

Dans ces cas, *ci-joint*, *ci-inclus* et *ci-annexé* sont invariables.

Dans les autres cas, ils seront variables.

Vous trouverez **ci-jointes** toutes les pièces justificatives demandées.
Les lettres **ci-incluses** vous apporteront de précieux renseignements.

Quand il y a inversion, même s'il commence une phrase, le participe passé s'accorde, comme un adjectif, en genre et en nombre avec le nom ou le pronom auquel il se rapporte.

 Ci-annexées, ces recommandations devraient vous satisfaire.

L'ordre normal serait : Ces recommandations ci-annexées devraient vous satisfaire.

PARTICIPES PASSÉS *ATTENDU, COMPRIS, EXCEPTÉ, PASSÉ, SUPPOSÉ, VU*, ETC.

Placés devant le nom ou le pronom, ces participes passés s'emploient **comme prépositions** et sont **invariables**. Ils amènent un nom complément.

 Attendu cet accident, il ne pourra pas participer au tournoi.
Passé 20 heures, je ne réponds pas.
Tout a été démoli, **excepté** cette grange.
Vu les développements, nous procéderons très rapidement.

Si ces participes passés sont placés **après** le nom, ils seront **variables**.

Comparons l'exemple suivant avec le troisième ci-dessus qui lui ressemble.

 Tout a été démoli, cette grange **exceptée**.

PARTICIPE PASSÉ PRÉCÉDÉ D'UN COLLECTIF OU D'UN ADVERBE DE QUANTITÉ

Dans la section sur le nom, nous avons étudié l'accord du verbe avec le nom collectif ou avec le complément de ce collectif. Nous avons observé deux cas.

• Premier cas

Quand le nom collectif est précédé d'un article défini, d'un adjectif démonstratif ou d'un adjectif possessif, le verbe s'accorde avec le nom collectif. Du fait que ce nom soit déterminé de façon précise par un article défini, un adjectif démonstratif ou possessif, l'accent est mis sur le nom collectif.

Le verbe s'accorde alors avec ce nom collectif, qu'il soit à un temps simple (accord avec son sujet) ou à un temps composé (auxiliaire et participe passé). En règle générale, le participe passé s'accordera selon les trois cas étudiés dans la section sur le participe passé (participe passé employé seul, participe passé employé avec l'auxiliaire *être* et participe passé employé avec l'auxiliaire *avoir*). Voir pages 80 à 84.

 Cet intéressant **groupe** d'étudiants **que** j'ai **rencontré** fait contraste avec celui que j'ai visité la semaine dernière.

Le participe passé *rencontré* s'accorde avec *que*, complément d'objet direct mis pour *groupe*, masculin singulier. Remarquons le déterminant démonstratif *cet* devant le nom collectif *groupe* déjà expliqué à la page 22.

• Deuxième cas

Quand le collectif est précédé d'un article indéfini (*un* ou *une*) et suivi d'un complément, le participe passé s'accorde selon le sens que l'on veut donner ou selon que le collectif ou son complément frappe le plus l'esprit.

Une multitude de **soldats que** j'ai rencontrés m'ont été des plus sympathiques. [Ce sont les soldats que j'ai rencontrés.]

Hier, quel beau groupe **d'étudiants** j'ai **reçus** à mon bureau !
Hier, quel beau **groupe** d'étudiants j'ai **reçu** à mon bureau !

[Dans cette phrase, le participe passé s'accorde selon que «je» considère avoir reçu les étudiants (1er exemple) ou le groupe (2e exemple). Dans une telle situation, les deux façons d'accorder le verbe sont acceptées.]

Quand le participe passé est précédé d'un **adverbe de quantité**, il s'accorde avec le complément de cet adverbe pourvu que ce complément soit placé avant le participe.

Que d'efforts nous avons fournis pour améliorer notre français.

Le participe passé *fournis* s'accorde avec *efforts*. *Que* est l'adverbe qui signifie «combien» et le nom *efforts* est le complément de l'adverbe.

PARTICIPE PASSÉ D'UN VERBE IMPERSONNEL

*Le participe passé d'un verbe **impersonnel** est toujours **invariable**.*

Certains verbes tels que **neiger, pleuvoir** et **venter** expriment une action sans préciser qui la fait. On retrouve toujours ces verbes à la 3e personne du singulier. On les appelle «impersonnels» parce qu'ils sont précédés d'un pronom indéterminé.

Il est tombé des averses continues durant toute la journée.
Les averses continues qu'**il est tombé** ne m'ont pas découragé.
Jeanne m'a dit : «**Il m'est arrivé** un grand malheur hier soir.»
Les dangers qu'**il y a eu** ont été écartés rapidement.
Les grands froids qu'**il a fait** dernièrement étaient intolérables.

Dans ces exemples, le verbe impersonnel est à la forme active, mais on peut retrouver ce verbe à la forme pronominale.

Il s'est trouvé plusieurs personnes pour la féliciter de ses succès.

Le verbe *arriver* peut s'employer à la forme active ainsi qu'à la forme impersonnelle.

 Une drôle d'aventure **m'est arrivée** [forme active] ce matin.

«Les malheurs qu'**il m'est arrivé** ne m'ont pas surprise», disait Léa. [Le verbe *est arrivé* est à la forme impersonnelle, car le pronom *il* est un pronom indéterminé; c'est un sujet apparent. Il n'a que la forme d'un sujet, il ne représente personne bien qu'il soit à la 3e personne du singulier.]

P ARTICIPE PRÉSENT ET ADJECTIF VERBAL

Dans l'exposé sur le **mode participe** à la page 77, nous avons présenté l'ensemble des cas particuliers concernant l'emploi du participe passé. Attardons-nous maintenant à l'emploi du **participe présent** et de l'**adjectif verbal**.

P ARTICIPE PRÉSENT

> *Le **participe présent**, qui tient du verbe, indique que l'on participe à une action dans un temps déterminé par le verbe principal.*
>
> *Le verbe principal peut situer l'action dans le passé, le présent ou le futur. Dans les trois exemples qui suivent, le participe présent **descendant** tient du verbe en indiquant que «je suis tombée», que «je tombe» ou que «je tomberai» en faisant l'action de descendre.*

 Je suis mal tombé **hier** en **descendant** l'escalier.
Voilà que je tombe **maintenant** en **descendant** l'escalier.
Je tomberai peut-être **demain** en **descendant** l'escalier.

Notons ici qu'en dépit de son nom, le participe présent n'a pas de valeur temporelle propre. Il exprime une action ou un état dont le temps est le même que celui du verbe principal. Dans nos trois exemples, le verbe *tomber* est tour à tour au passé, au présent et au futur.

Le participe présent est toujours **invariable** puisqu'il fait partie d'**un mode impersonnel**. On ne le retrouvera jamais à la 1re, ni à la 2e ni à la 3e personne.

 Les gens **parlant** trois langues se débrouillent parfaitement bien.

A DJECTIF VERBAL

> *Quand on parle d'un adjectif verbal, on parle d'un adjectif et d'un verbe.* **Il s'agit d'un participe présent employé comme un adjectif qualifiant un nom.** *L'adjectif verbal peut avoir la fonction d'épithète ou d'attribut et il s'accorde en genre et en nombre avec le nom qu'il qualifie.*

On aime les enfants **obéissants**.
[L'adjectif verbal *obéissants* a la fonction épithète de *enfants*.]

Tous les enfants ne sont pas **obéissants**.
[Avec le verbe *être*, l'adjectif *obéissants* est attribut de *enfants*. Il prend le genre et le nombre du sujet *enfants*, masculin pluriel.]

Distinguons le **participe présent** de l'**adjectif verbal**.

Un mot en **-ant** est **participe présent invariable** :

• **s'il est précédé de la préposition *en* :**

Les deux filles se sont étouffées **en** mangeant.

• **s'il est accompagné de la négation :**

Les invités **n'**arrivant **pas**, nous avons dû reporter la réunion à une date ultérieure.

• **s'il est suivi d'un adverbe :**

Ces employés parlant **trop** ont dévoilé certains secrets.

• **s'il est suivi d'un complément d'objet ou de circonstance :**

Ces jeunes jouant **au hockey** se sont blessés involontairement.

Dans les autres cas, il s'agit d'un **adjectif verbal**.

Voici deux exemples :

Les voyageurs très **reconnaissants** félicitèrent l'organisatrice.
[*Reconnaissants* est un adjectif verbal épithète.]

Les exercices physiques sont **fortifiants** et **fatigants**.
[Les deux adjectifs sont attributs.]

On peut facilement distinguer le participe présent de l'adjectif verbal. Si le mot en *-ant* peut se mettre au féminin, il est adjectif verbal.

Le participe présent et l'adjectif verbal ont parfois une orthographe différente. Il existe même des noms qui viennent du participe présent.

PARTICIPE PRÉSENT	ADJECTIF VERBAL	NOM OU SUBSTANTIF
adhérant	adhérent	adhérent
affluant	affluent	affluent
communiquant	communicant	—
convainquant	convaincant	—
différant	différent	différend
divergeant	divergent	—
expédiant	expédient	expédient
excellant	excellent	—
fabriquant	—	fabricant
fatiguant	fatigant	—
influant	influent	—
négligeant	négligent	négligent
précédant	précédent	précédent
présidant	—	président
résidant	—	résident
suffoquant	suffocant	—
vaquant	vacant	—
violant	violent	—

ODE INFINITIF

> Le **mode infinitif** et le **mode participe** sont deux modes
> impersonnels du verbe, c'est-à-dire qu'ils ne sont pas conjugués.
> Les terminaisons de l'infinitif sont en **-er**, **-ir**, **-oir** et **-re**.

L'infinitif est la forme nominale du verbe. Il exprime l'action désignée par le verbe.

• **L'infinitif peut être employé comme *nom* et peut remplacer le nom. Il peut donc remplir les fonctions *sujet*, *attribut* ou *complément*.**

 Mentir [le mensonge] est déshonorant. [L'infinitif *mentir* est sujet du verbe est.]

Pratiquer [la pratique] n'est pas réussir [la réussite].
[*Pratiquer* est le sujet de *est*, et *réussir* est attribut de *pratiquer*.]

Il ne faut pas exagérer dans le **boire** et le **manger**.
Les **boires** du bébé sont fréquents.
[*Boire* et *manger* : verbes employés comme noms.]

Comme on peut le constater dans ce dernier exemple, lorsqu'un déterminant est placé devant un verbe à l'infinitif, ce verbe devient un nom. D'ailleurs, nous disons fréquemment : les *dîners*, les *soupers*, les *rires*, les *couchers* de soleil, etc.

• **L'infinitif, employé comme mode ou comme verbe, a deux temps et peut former des propositions.**

Vous me demandez de parler [inf. prés.]
Je croyais avoir parlé [inf. passé] assez fort.

L'infinitif présent s'emploie pour le **présent**, l'**imparfait** et le **futur**.

Il pense **avoir** raison : Il pense qu'il **a** raison.
Il pensait **avoir** raison : Il pensait qu'il **avait** raison.
Il se taira quand il pensera ne pas **avoir** raison : il se taira quand il pensera qu'il n'**aura** pas raison.

À retenir :

– Le temps composé (nous **avons chanté**) se distingue de l'infinitif (nous allons **chanter**).

– Les prépositions **à**, **de**, **par**, **en, pour, sans**, etc., précèdent souvent l'infinitif présent.

J'ai réussi **à** manger ; je viens **de** manger ; j'ai fini **par** manger ; je veux **en** manger ; j'arrive **pour** manger ; je repars **sans** manger.

– Le participe passé suit l'auxiliaire *avoir* ou *être* tandis que l'infinitif présent suit le verbe conjugué.

Hélène a **terminé** ses études.
Elle désire **travailler** cet été.

L'infinitif des verbes en **-re** ne prendra jamais **-ent** ni **-s**.

Ces maisons, notre agent voudrait les **vendre** cette semaine.

Le verbe *vendre* à l'infinitif ne peut pas s'écrire *vendrent*. Le verbe *vendre* n'est pas conjugué à la 3e personne du pluriel. Le verbe *vendre* à l'infinitif ne peut pas s'écrire *vendres*. Le mot *les* devant le verbe *vendre* n'est pas un déterminant, c'est un pronom personnel.

L'adverbe

L'adverbe est un mot invariable qui modifie le sens d'un verbe, d'un autre adverbe ou d'un adjectif.

L'adverbe précise ou modifie le sens d'un verbe.

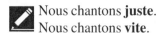 Nous chantons **juste**.
Nous chantons **vite**.

La manière de chanter n'est pas la même dans ces deux exemples.

Voici d'autres exemples :

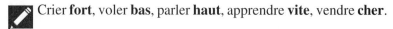 Crier **fort**, voler **bas**, parler **haut**, apprendre **vite**, vendre **cher**.

Dans ces exemples, *fort*, *bas*, *haut*, *vite* et *cher* modifient la façon dont l'action exprimée par le verbe se déroule. Ce sont des adverbes et ils sont invariables.

Observons la différence entre les deux exemples suivants :

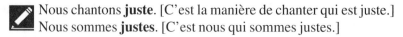 Nous chantons **juste**. [C'est la manière de chanter qui est juste.]
Nous sommes **justes**. [C'est nous qui sommes justes.]

Dans le premier exemple, *juste* est un adverbe qui modifie *chantons*, verbe d'action.

Dans le deuxième exemple, *justes* est un adjectif qualificatif, attribut du sujet *nous* à cause du verbe *être*, verbe d'état.

L'adverbe précise ou modifie le sens d'un autre adverbe.

 Nous chantons **très** juste.
Nous chantons **très** vite.

Au lieu de chanter *juste*, ce qui est bien, nous chantons *très juste*, ce qui est mieux. *Très* modifie les deux adverbes *juste* et *vite* (invariables).

Observons la différence entre les deux exemples suivants :

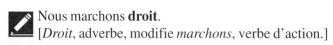 Nous marchons **droit**.
[*Droit*, adverbe, modifie *marchons*, verbe d'action.]

Nous sommes **droits**.
[*Droits* est attribut du pronom *nous* ; il est adjectif qualificatif attribut et s'accorde en genre et en nombre. Il est en présence du verbe *être*.]

L'adverbe précise ou modifie le sens d'un adjectif.

Je suis sérieux.
Je suis **moins** sérieux.
Je suis **très** sérieux.

L'adjectif *sérieux* est modifié par les adverbes *moins* et *très*.

D IFFÉRENTES SORTES D'ADVERBES

*D'après le sens de la phrase, on distingue huit catégories
d'adverbes. Voici quelques adverbes de chaque catégorie.*

•**Lieu** : Ailleurs, alentour, ici, dedans, dehors, dessus, devant,
derrière, loin, proche, à côté, au-dessus, au-dessous,
au devant, çà et là, au-delà, par-ci, par-là, avant, après,
auprès, autour, partout, où.

•**Temps** : Aujourd'hui, demain, hier, jamais, toujours, parfois, avant,
après, bientôt, quelquefois, sous peu, au plus tôt, alors,
tout de suite, auparavant, désormais, aussitôt, ensuite,
enfin, puis, souvent, encore, déjà, jadis, longtemps, quand.

•**Quantité** : Assez, beaucoup, davantage, encore, peu à peu, tout à fait,
autant, tant, peu, combien, moins, que [pour *combien*],
tellement, presque, plus, très.

•**Affirmation** : Certes, oui, si, vraiment, d'accord, sans doute, bien sûr,
assurément, certainement, en vérité, parfaitement.

•**Négation** : Non, nullement, ne pas, non pas, ne point, ne guère, point.

•**Comparaison** : Autant, si, aussi, mieux, moins, plus, le mieux, le moins, le
meilleur.

•**Doute** : Apparemment, probablement, possiblement, peut-être.

•**Manière** : Bien, mal, comment, ensemble.

Un très grand nombre d'adverbes proviennent d'adjectifs mis au féminin singulier et suivis du suffixe **-ment**.

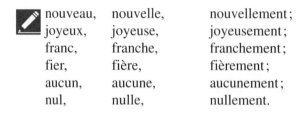

nouveau,	nouvelle,	nouvellement ;
joyeux,	joyeuse,	joyeusement ;
franc,	franche,	franchement ;
fier,	fière,	fièrement ;
aucun,	aucune,	aucunement ;
nul,	nulle,	nullement.

Les adjectifs terminés au masculin par une voyelle (**é**, **i**, **u**) perdent le **e** muet du féminin :

effronté,	effrontée,	effrontément ;
hardi,	hardie,	hardiment ;
éperdu,	éperdue,	éperdument.

Les adverbes suivants prennent un accent circonflexe :

assidu,	assidûment ;
indu,	indûment ;
cru,	crûment.

Ⓕ ORMATION DE L'ADVERBE

Les adjectifs terminés en **-ant** et en **-ent** forment des adverbes en **-am**ment et en **-em**ment :

sav**ant**,	sav**am**ment ;	viol**ent**,	viol**em**ment ;
abond**ant**,	abond**am**ment ;	néglig**ent**,	néglig**em**ment ;
cour**ant**,	cour**am**ment ;	prud**ent**,	prud**em**ment ;
const**ant**,	const**am**ment ;	évid**ent**,	évid**em**ment.

Les adjectifs **lent** et **présent** ne formeront pas des adverbes en **-emment**, mais ils suivront la règle générale pour donner les adverbes **lentement** et **présentement**.

Pour l'orthographe des adverbes, pourquoi ne pas éliminer le doute en recourant fréquemment au dictionnaire ? La grammaire et le dictionnaire ne sont-ils pas de précieux amis ?

Certains adjectifs non terminés par **é** remplacent le **e** muet du féminin par un **é** fermé avant le suffixe **-ment**. En voici quelques-uns :

Adjectifs [masc. fém.]	Adverbes [-ément]	Adjectifs [masc.]	Adjectifs [fém.]	Adverbes [-ément]
aveugle,	aveuglément	commun,	commune,	communément
commode,	commodément	confus,	confuse,	confusément
conforme,	conformément	exprès,	expresse,	expressément
énorme,	énormément	obscur,	obscure,	obscurément
immense,	immensément	précis,	précise,	précisément
uniforme,	uniformément			

ARTICULARITÉS DANS L'EMPLOI DE L'ADVERBE

▌ *Les adverbes, en général, n'ont pas de complément.*

 Elle voyage **alentour**.
Autrefois, nous chantions **beaucoup**.
Jacques travaille **ici**, et Louise, **là-bas**.
Je l'avais mis **dessus**, mais je l'ai retrouvé **dessous**.

Les adverbes **devant** et **après** n'ont pas de complément.

 Je vous invite à passer **devant**. Je vous le dirai **après**.

Si *devant* et *après* ont un complément, ils deviennent des prépositions.

 Veuillez passer **devant moi**.
Je vous le dirai **après le cours**.

Nous verrons bientôt qu'une préposition amène un complément.

Il existe beaucoup d'adverbes de manière. Certains adjectifs sont pris adverbialement : parler **fort**, parler **haut**, parler **bas**, parler **vite**, voir **clair**, chanter **juste**, chanter **faux**.

La majorité des adverbes de manière proviennent de l'adjectif féminin.

généreux,	généreuse,	généreusement ;
fier,	fière,	fièrement ;
faux,	fausse,	faussement.

Certaines prépositions jointes au nom forment une **locution adverbiale**.

À la fois, avec soin, avec force, par hasard, par mégarde.

Certains adverbes proviennent d'adjectifs mélioratifs, c'est-à-dire à connotation favorable.

clair,	clairement ;	indiscutable,	indiscutablement ;
évident,	évidemment ;	incontestable,	incontestablement ;
sûr,	sûrement ;	indéniable,	indéniablement.

DEGRÉS DE SIGNIFICATION DE L'ADVERBE

Les adverbes de manière qui correspondent à des adjectifs peuvent avoir, comme ces derniers, trois degrés de signification :

Positif :	franc,	franchement.
Comparatif :	plus franc,	plus franchement.
Superlatif :	le plus franc,	le plus franchement.

Les deux adverbes de manière **bien** et **mal** ont une forme spéciale pour le comparatif et le superlatif :

Positif :	bien,	mal.
Comparatif :	mieux,	pis [plus mal].
Superlatif :	le mieux [très bien],	le pis [le plus mal, très mal].

Voici une information supplémentaire sur les degrés de signification de l'**adverbe relatif** et de l'**adverbe absolu**.

– L'**adverbe relatif** se présente dans une **comparaison**. Pour qu'il y ait *relation*, il faut deux êtres ou deux situations. L'adverbe relatif exprime la comparaison d'un être par rapport à l'autre, d'une situation par rapport à l'autre. Nous constaterons alors, entre ces deux êtres, une **infériorité**, une **égalité** ou une **supériorité**, comme l'illustrent les trois exemples qui suivent.

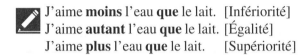

J'aime **moins** l'eau **que** le lait. [Infériorité]
J'aime **autant** l'eau **que** le lait. [Égalité]
J'aime **plus** l'eau **que** le lait.   [Supériorité]

– L'**adverbe absolu** ne présente pas de comparaison entre deux êtres ou deux situations. Il indique simplement un **degré de quantité ou d'intensité**. Relevons ici quelques adverbes fréquemment employés.

Elle mangeait **peu** durant la soirée.
Il rédigeait **mal** ses travaux.

Malgré son manque d'efforts, il a **assez** bien réussi.
Elle a **suffisamment** travaillé ; elle peut se reposer.

Des cadeaux, il y en avait **tellement**.
Ce garçon est **trop** [très] gentil envers ses camarades.

PLACE DE L'ADVERBE

L'adverbe se place ordinairement après un verbe (à un temps simple) ou après l'auxiliaire (à un temps composé), mais il se place toujours devant l'adjectif ou un autre adverbe.

Maman souffre **beaucoup**, mais elle a **plus** souffert cette nuit.
À son chevet, nous avons **fort** apprécié sa force de caractère.
Elle a été **bien** patiente. Elle a supporté **très** courageusement son mal.

Degrés de signification des adverbes

Comme les adjectifs, les adverbes de manière en -**ment** peuvent avoir différents degrés de signification.

Les degrés de signification de ces adverbes se forment de la même manière que ceux des adjectifs.

Positif   Comparatif   Superlatif
sagement   plus sagement   très [le plus] sagement

Il en est de même des adverbes **bien**, **mal**, **peu**, **fort**, **loin**, **près**, **tôt**, **tard**, **vite**, **volontiers**.

Trois adverbes forment irrégulièrement leur comparatif; ce sont: **bien**, **mal**, **peu**, qui font **mieux**, **pis** [ou plus mal], **moins**.

Ces adverbes font, au **superlatif absolu: très bien**, **très mal**, **très peu**.
Ces adverbes font, au **superlatif relatif**: **le mieux**, **le pis**, **le moins**.

Nous avons déjà dit que **les adjectifs qualificatifs employés comme adverbes de manière sont invariables**. Ils modifient le verbe à la forme active.

Ils sentent **bon**;   ils chantent **juste**;   ils crient **fort**;
ils parlent **haut**;   ils coûtent **cher**;   ils vont **droit**.

Dans les exemples suivants: *ils sont bons*; *ils sont justes*; *ils sont forts*, les adjectifs sont attributs du sujet à cause du verbe *être*, verbe d'état.

La préposition

> *La préposition est un mot invariable qui amène un complément en établissant **un rapport entre ce complément et le mot complété**. Le complément est un mot ou un groupe de mots qui sert à compléter une pensée.*

Si l'on dit à une personne : «Je travaille», «Je reviens», «Je marche» ou «Je me repose», on l'informe des actions qu'on réalise. Mais elle ne sait pas **où**, **quand**, **comment**, **pourquoi**, etc. Si l'on ajoute un complément, l'idée devient plus précise. On utilise alors la préposition (excepté en présence du complément d'objet direct).

 Je travaille **à** la gare.

La préposition *à* établit un rapport entre le complément *gare* et le mot complété *travaille*. Cette préposition permet de préciser l'endroit où je travaille.

De même, dans la phrase : *Les élèves sortent **de** la classe, **en** rangs, **pour** aller **dans** la cour,* quatre prépositions amènent quatre compléments.

Autres exemples :
 Je reviens **de** la discothèque.
Je retourne **dans** ma classe.
Je marche **avec** mon frère.
Je me repose **pendant** la nuit.

Les prépositions *de*, *dans*, *avec*, *pendant* amènent les compléments *discothèque*, *classe*, *frère* et *nuit*.

La préposition placée entre deux mots marque un rapport. Quels sont les principaux rapports ? Raisonnons bien chaque cas :

- **Lieu** : Être **à** Québec.
  Habiter **en** province.

- **Destination** : Aller **à** Boston.

- **Temps** : Partir **à** l'aube.
  Parler **durant** deux heures.

• **Cause** :   Être récompensé **pour** son courage.
                   Folle **de** joie.
                   Mourir **de** peur.

• **But** :   Manger **pour** vivre.
                   Se reposer **pour** se remettre en forme.

• **Moyen** :   Voyager **par** autobus.
                   Parler **par** signes.

• **Instrument** :   Blesser **par** un obus.

• **Opposition** :   Travailler **malgré** le froid.
                   Parler **contre** quelqu'un.

Une préposition peut amener différentes sortes de compléments. Ainsi, la préposition **de** peut amener :

un complément de lieu :	Je reviens **de** France.
un complément de moyen :	Elle l'a repoussé **de** la main.
un complément de cause :	Il est fou **de** tristesse.

De même, la préposition **par** peut amener :

un complément de moyen :	Tu voyages **par** avion.
un complément de temps :	Tu voyages **par** beau temps.
un complément de cause :	Tu voyages **par** nécessité.

Une locution prépositive (**auprès de**, **à travers**, **vis-à-vis de**, etc.) est un groupe de mots qui amène aussi un complément.

 Ils vivent **auprès de** ma sœur.
Ils se promènent **à travers** champs.
Le cinéma est situé **vis-à-vis de** notre maison.

Voici une liste de prépositions ou de locutions prépositives employées dans différents rapports logiques:

- **Agent**: de, par, grâce à, etc.

- **Lieu**: à, chez, contre, de, derrière, devant, entre, jusqu'à, parmi, sous, sur, vers, à côté de, auprès de, aux environs de, au-dessus de, autour de, à travers, au travers de, au-dessus de, au-devant de, par-dessus, près de, proche de, etc.

- **Temps**: avant, après, de, depuis, dès, durant, en, pendant, au bout de, etc.

- **Cause**: à cause de, de, pour, à l'égard de, eu égard à, etc.

- **But**: afin de, pour, etc.

- **Manière**: avec, comme, en, selon, suivant, à force de, à la façon de, d'après, etc.

Prépositions amenant un complément:

à	après	avant	avec	chez	contre
dans	de	depuis	derrière	dès	devant
durant	en	entre	envers	hormis	hors
jusque	malgré	moyennant	outre	par	parmi
pendant	sans	selon	sous	sur	vers

Locutions prépositives amenant un complément:

auprès de	autour de	au lieu de	en face de
faute de	grâce à	à force de	à cause de
à l'aide de	en faveur de	loin de	au travers de

Il est utile de connaître l'emploi de ces prépositions et de ces locutions prépositives. Elles permettent de saisir le sens exact et précis d'un texte que nous lisons. De par leur nature, elles amènent un complément et précisent ainsi le sens d'un texte.

 Lors de l'étude de la fonction complément, nous verrons que **la préposition peut amener des compléments du verbe, du nom, du pronom, de l'adjectif et de l'adverbe**.

La conjonction

La conjonction est un mot invariable qui fait la jonction soit entre deux mots ou deux groupes de mots semblables (noms, adjectifs, etc.), soit entre deux propositions.

On retrouve, au point de vue du sens, deux sortes de conjonctions. Ce sont les conjonctions de **coordination** et les conjonctions de **subordination**.

Les conjonctions de **coordination** unissent des éléments ayant la même fonction, soit deux mots ou groupes de mots, deux subordonnées d'une même principale, deux indépendantes ou encore deux phrases entières. (*Coordonnée* signifie «qui ordonne, qui unit, qui met ensemble».)

Les conjonctions de **subordination** unissent à la proposition principale une subordonnée conjonctive qui en dépend. Les conjonctions de subordination peuvent unir une deuxième subordonnée conjonctive à la première (voir p. 115). Exemple: Marcel a participé au débat oratoire **parce qu'**il croyait **qu'**il pouvait remporter la victoire.

CONJONCTION DE COORDINATION

Les éléments unis par une **conjonction de coordination** doivent être des éléments de même nature et de même fonction.

- **Éléments de même nature**
  - **Deux noms**: Le père **et** la mère.
  - **Deux pronoms**: Faites ceci **ou** cela.
  - **Deux adjectifs**: Une pensée juste **et** profonde.
  - **Deux verbes**: Bien faire **et** laisser braire.
  - **Deux adverbes**: Travailler lentement **mais** sûrement.
  - **Deux groupes de mots**: Le frère de Fanny **et** la sœur de Jean.
  - **Deux propositions**: Le chasseur vise le lièvre **et** il le tue.
  - **Deux phrases distinctes**: Vous pouvez dire ce que vous voulez. **Toutefois**, vous ne me ferez pas changer d'avis.

• Éléments de même fonction

- **Deux sujets :** Enseigner **et** éduquer sont deux nobles fonctions.

- **Deux attributs :** Ces artistes sont talentueux **mais** capricieux.

- **Deux épithètes d'un même nom :** Le livre, un ami fidèle **et** précieux.

- **Deux compléments d'un même mot :** N'abusons **ni** d'alcool **ni** d'excitants.

- **Deux subordonnées dépendant de la même principale :**
  Je constate que vous avez raison **et** que j'ai fait erreur.
  [principale]   [sub. COD]   [sub. COD]

Complétons par quelques exemples plus détaillés :

 Le patineur **et** sa partenaire attendaient à l'urgence.
     ↓   ↓   ↓   ↓   ↓
  [nom] [conj.] [nom]   [prép.] [compl.]

 J'ai rencontré <u>le collègue de Marc</u> **et** <u>le directeur de la recherche</u>.
               ↓   ↓   ↓
       [groupe de mots] [conj.] [groupe de mots]

 Le chasseur vise le lièvre, **mais** il ne le tue pas.
     ↓   ↓   ↓
   [indép.]   [conj.] [indép.]

Les conjonctions, de même que les prépositions, établissent un rapport entre les mots ou les propositions qu'elles unissent.

Voici différents types de rapport que peuvent établir les **conjonctions de coordination**.

- **•Liaison :**   et, or, avec, aussi, alors, ensuite, maintenant, ni, comme, aussi que, enfin, bien plus, puis, et puis. [Addition, union]

- **•Explication :** ainsi, c'est pourquoi, c'est-à-dire, effectivement, par suite, soit, à savoir.

- **•Alternative :** ou, ou bien, ou au contraire, ni, aussi, soit… soit, tantôt…tantôt. [Choix]

- **•Transition :** or, d'ailleurs, de plus, du moins.

- **•Cause :** car, en effet, effectivement. [Preuve]

•**Opposition** :   mais, cependant, toutefois, pourtant, par contre,
                     néanmoins, au contraire, quoique, du moins, seulement.

•**Conséquence** :   donc, aussi, ainsi, par conséquent, en conséquence, alors,
                     c'est pourquoi, de sorte que.

Les trois conjonctions **et**, **ou**, **ni** sont fréquemment utilisées. Voici quelques
renseignements pour bien les employer.

Conjonction de coordination *et*

Et sert le plus souvent à marquer l'union de deux mots ou de deux propositions.

Quatre **et** quatre font huit.
Il arrive **et** se repose.

Et unit deux propositions affirmatives subordonnées à une même proposition
affirmative principale.

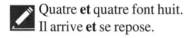
Elle veut que tu parles **et** que tu l'écoutes par la suite.

Et unit deux propositions dont l'une est affirmative, et l'autre, négative ; ou
encore deux propositions négatives.

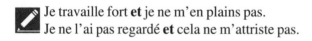
Je travaille fort **et** je ne m'en plains pas.
Je ne l'ai pas regardé **et** cela ne m'attriste pas.

Conjonction de coordination *ni*

Ni remplace habituellement *et* dans les phrases négatives.

Ni le sel **ni** le poivre ne s'avalent à la cuillère.

Ni ne doit jamais précéder la préposition **sans**.

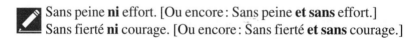
Sans peine **ni** effort. [Ou encore : Sans peine **et sans** effort.]
Sans fierté **ni** courage. [Ou encore : Sans fierté **et sans** courage.]

Conjonction de coordination *ou*

Ou exprime le choix entre deux expressions s'expliquant l'une par l'autre.
Ou signifie alors «en d'autres termes».

 L'oiseau-mouche **ou** colibri.

Ou et *ou bien* servent à disjoindre deux mots ou deux propositions.

 A-t-il les cheveux noirs **ou** châtains? À tort **ou** à raison…

Ⓒ ONJONCTION DE SUBORDINATION

*Les conjonctions de subordination servent à joindre une
proposition subordonnée à la proposition dont elle dépend.*

 On ne se décourage pas **quand** on rencontre des difficultés.
　　[princ.]　　　　　　　　　[sub. conjonctive]

Analysons l'exemple suivant pour bien comprendre le rôle de la conjonction
de subordination.

 Je sais que tu maîtriseras ton français parce que tu as bien travaillé.

Je sais est la proposition principale. Pour qu'une proposition soit principale, il
faut qu'il y ait une proposition qui dépende d'elle.

Posons la question: Je sais *quoi? Que tu maîtriseras ton français.*

Cette subordonnée dépend de la principale. Elle est conjonctive parce qu'elle
est amenée par la conjonction *que*. Elle est compl. d'objet direct de *sais* parce
qu'elle répond à la question *quoi* posée à ce verbe.

Pourquoi maîtriseras-tu ton français? *Parce que tu as bien travaillé.* Cette subordonnée est subordonnée conjonctive compl. circ. de cause de *maîtriseras*
parce qu'elle dépend de la proposition précédente où j'ai posé la question.

Quelle est la conjonction de subordination la plus usitée ? C'est **que**.

 Je veux **que** le succès te sourie. [N'oubliez pas le subjonctif !]
[princ.] [conj.] [sub. conj. COD]

Voici différents rapports que peuvent établir les conjonctions de **subordination** :

- **Cause** :   parce que, comme, puisque, attendu que, selon que, vu que, etc.

- **Temps** :   quand, lorsque, comme, avant que, après que, aussitôt que, dès que, depuis que, tandis que, tant que, en même temps que, en attendant que, jusqu'à ce que, etc.

- **Conséquence** :   de sorte que, en sorte que, de manière que, tellement que, etc.

- **But** :   afin que, pour que, de peur que, etc.

- **Condition** :   si, au cas où, soit que, supposé que, si ce n'est que, pourvu que, à condition que, à moins que, etc.

- **Comparaison** :   comme, de même que, ainsi que, comme si, autant que, selon que, tel que, etc.

- **Concession** :   quoique, bien que, quand même, même si, encore que, alors que, malgré que, sans que, etc.

Nous verrons, lors de l'étude de la phrase complexe, les propositions subordonnées relatives et complétives. Nous insisterons sur l'emploi très fréquent des pronoms relatifs *qui* et *que* ainsi que de la conjonction de subordination *que* reliant la subordonnée conjonctive complément direct, indirect ou circonstanciel à la principale ou à une autre subordonnée.

EN RÉSUMÉ

- Les conjonctions de **coordination** s'emploient pour bien **faire ressortir la suite des idées ou des faits**.

 J'ai tout essayé pour réussir ; **toutefois**, je ne me décourage pas.

- Les conjonctions de **subordination** s'emploient pour **bien distinguer les idées secondaires dans une phrase complexe**.

 Je travaille fort **pour que** vous puissiez poursuivre vos études.

L'interjection

> *Le mot interjection signifie «que l'on jette à l'intérieur de».*
> *L'interjection est un mot invariable que l'on jette dans une conver-*
> *sation. Ce peut être un ensemble de mots invariables qui expriment*
> *avec beaucoup de vivacité un sentiment de tristesse, d'étonnement,*
> *de joie, d'admiration, etc.*

Voici quelques principales interjections marquant :

- **la joie** :   Ah ! Oh ! Bon !
- **la douleur** :   Hélas ! Ah ! Aie !
- **la surprise** :   Ah ! Eh ! Bah ! Eh bien ! Eh quoi ! Oh ! Comment ! Grand Dieu !
- **l'indignation** :   Ho ! Ha ! Hé ! Oh ! Ouais ! Pouah !
- **la concession** :   Soit ! Bien ! Bon !
- **l'appel** :   Hé ! Ohé ! Holà !
- **un bruit** :   Pouf ! Paf !
- **le silence** :   Chut ! Silence !

Bien d'autres interjections pourraient être énumérées. L'interjection est une sorte de cri qui traduit un sentiment, un appel, un avertissement, etc. Dans le langage parlé, l'intonation prendra une forme différente alors que, dans la langue écrite, le contexte nous éclairera sur sa signification. Quantité de mots peuvent devenir des interjections. Expriment-ils un quelconque sentiment ? Ils ont alors de bonnes chances de devenir interjections. L'interjection est toujours **invariable**.

Conclusion

Ici se termine le chapitre traitant des différentes natures des mots. Reconnaître ces diverses natures nous permet de comprendre le sens de la phrase ainsi que l'accord de chaque mot. Bien comprise, la grammaire nous aide à apprécier la beauté de notre langue française.

CHAPITRE II

LA FONCTION DU MOT

Le sujet
L'attribut
Le complément
L'épithète
L'apposition
L'apostrophe

Jusqu'à présent, nous avons tenté de mieux comprendre la langue française en observant la nature des mots qui composent la phrase. Nous avons étudié neuf espèces de mots : le déterminant, le nom, l'adjectif qualificatif, le pronom, le verbe, l'adverbe, la préposition, la conjonction et l'interjection. Nous allons maintenant essayer de mieux saisir la fonction des mots, c'est-à-dire le rôle que chaque mot joue à l'intérieur de la phrase.

La fonction du mot, c'est ce que fait le mot dans la phrase.

Les fonctions du mot sont les suivantes.

- **Sujet** :   Le **soleil** éclaire la terre.

- **Attribut** :   L'électricité est l'**invention** du siècle.

- **Complément** :   Cette avocate défend notre **cause**.

- **Épithète** :   J'ai mangé une pomme **juteuse**.

- **Apposition** :   Julien, le **président** de la compagnie, est en vacances.

- **Apostrophe** :   **Louise**, viens ici immédiatement.

Voyons en détail chacune de ces fonctions. Ainsi, nous comprendrons davantage le sens de la phrase et l'accord grammatical des mots qui la composent. Nous saisirons mieux la relation des mots entre eux.

Le sujet

Le sujet désigne l'être ou la chose qui fait l'action ou qui subit l'action exprimée par le verbe. En règle générale, le sujet se retrouve avec un verbe conjugué à la 1ʳᵉ, à la 2ᵉ ou à la 3ᵉ personne. Pour le trouver, nous posons la question « Qui est-ce qui ? » pour les personnes ou « Qu'est-ce qui ? » pour les choses.

SUJET D'UN VERBE À LA FORME ACTIVE

 Les marins **aiment** le vent.

On trouve dans cette phrase le verbe *aiment* qui exprime une action. On se pose la question : **Qui fait l'action d'aimer ?** La réponse est claire : ce sont les *marins*. Le verbe est à la 3ᵉ personne du pluriel parce que le sujet désigne les personnes dont on parle. Il s'écrit *aiment*, avec la terminaison de l'indicatif présent à la 3ᵉ personne du pluriel d'un verbe en **-er**. (Voir le tableau des terminaisons de l'indicatif présent, page 64.)

 Dans les champs **coule** une rivière.

On trouve dans cette phrase le verbe *coule* qui exprime une action. On se pose la question : **Qui fait l'action de couler ?** La réponse est claire : c'est la *rivière*. Le verbe s'accorde avec le sujet *rivière*. Il prend la terminaison -*e* de l'indicatif présent, 3ᵉ personne du singulier, d'un verbe en -*er,* 1ᵉʳ groupe.

 Que le sujet soit *avant* ou *après* le verbe, celui-ci s'accorde toujours avec son sujet.

En règle générale, le sujet est un nom ou un pronom.

 Mon **voisin, qui** travaille fort, gagne bien sa vie.

Analysons cet exemple.

Repérons d'abord les verbes conjugués. Combien y en a-t-il ? Deux. Quels sont-ils ? *Travaille* et *gagne*. Et comme il y a deux verbes conjugués, nous aurons deux sujets. Posons-nous la question habituelle : **Qui fait l'action de gagner ?** Mon *voisin* : c'est le sujet de *gagne*, à la 3ᵉ personne du singulier. On peut remplacer le nom *voisin* par le pronom *Il*, 3ᵉ personne du singulier. Même s'il n'est pas placé immédiatement devant le verbe, le mot *voisin* est le sujet du verbe *gagne* parce que c'est lui qui fait l'action de gagner sa vie.

Qui fait l'action de travailler? C'est *qui*, pronom relatif, mis pour *voisin* (son antécédent). Le sujet *qui* est à la 3e personne puisqu'il désigne la personne dont on parle. Il fera accorder le verbe à la 3e personne du singulier.

C'est ainsi que se raisonne l'accord du verbe avec son sujet. Dans les phrases qui n'ont qu'un seul verbe conjugué, l'accord se fait plus facilement, à condition que nous nous posions toujours la bonne question: **Qui ou qu'est-ce qui fait l'action de…?**

Ⓢ UJET D'UN VERBE À LA FORME PASSIVE

*Nous reconnaissons un **verbe à la forme passive** quand **le sujet ne fait pas l'action, mais la subit.***

Analysons cet exemple.

 La souris **a été mangée** par le chat.

A été mangée se trouve à la forme passive parce que ce n'est pas le sujet *souris* qui fait l'action de manger. C'est le complément *chat* qui a fait l'action de manger la souris. On appelle ce complément **complément d'agent**. C'est lui qui agit.

Voyons deux autres exemples pour bien saisir la différence entre une phrase à la **forme active** et une phrase à la **forme passive**.

 Quelques amies **ont été invitées** par ma cousine. [Forme passive]

Ce ne sont pas les amies qui ont fait l'action d'inviter. Elles ont été invitées. Avec le verbe *être*, on exprime non une action, mais un état. *Quelques amies* est sujet du verbe *ont été invitées*, à la forme passive. Et *cousine* est le complément d'agent

Inversons le sujet et le complément d'agent et nous obtiendrons ceci:

 Ma cousine **a invité** quelques amies. [Forme active]

Ici, le verbe conjugué *a invité* exprime une action. Rappelons-nous que le verbe *avoir* exprime une action tandis que le verbe *être* exprime un état.

Qui a fait l'action d'inviter? C'est *ma cousine*, sujet du verbe.

Ma cousine a invité qui ? *Quelques amies*, complément d'objet direct du verbe.
Il importe de bien comprendre ces deux formes : active et passive. Cela nous
permet de mieux saisir le sens des textes que nous lisons.

Ma cousine **a invité** [forme active] des amies.
Ma cousine **a été invitée** [forme passive] par des amies.

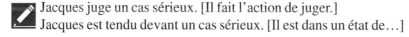

S UJET DU VERBE

*Le sujet désigne la personne ou la chose qui fait l'action ou qui est
dans l'état exprimé.*

Jacques juge un cas sérieux. [Il fait l'action de juger.]
Jacques est tendu devant un cas sérieux. [Il est dans un état de…]

Le sujet peut être :

– un **nom** ou un **mot pris comme nom** :

L'**écureuil** grignote.
Les **vaincus** semblaient découragés.
Les **si** et les **car** pleuvaient tout au long de sa composition.

– un **pronom** :

Je pense, donc **je** suis.
On doit penser à tout ce qu'**on** dit.

– un **verbe à l'infinitif** :

Trop **parler** nuit à quiconque veut réussir.

– un **adverbe** :

Beaucoup s'agitent, mais **peu** pensent avant d'agir.

– une **proposition** :

Se croire trop fin est une marque d'orgueil.

La place du sujet

Le sujet se place habituellement *avant* le verbe.

Nous dirons :

Les oiseaux chantaient dans le bosquet fleuri.
    [sujet]   [verbe]

L'inversion du sujet (sujet éloigné)

Dans certains cas, le sujet est placé *après* le verbe. On parle alors d'une **inversion**. Cela signifie que nous déplaçons l'ordre habituel. Au lieu d'avoir un sujet, un verbe et un complément, nous aurons, par exemple, un complément, un verbe et un sujet.

Il y aura inversion :

— dans certaines tournures de phrases :

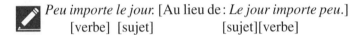 *Peu importe le jour.* [Au lieu de : *Le jour importe peu.*]
     [verbe] [sujet]   [sujet][verbe]

— quand une proposition commence par un adjectif attribut :

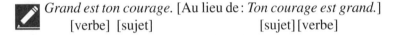 *Grand est ton courage.* [Au lieu de : *Ton courage est grand.*]
     [verbe] [sujet]   [sujet] [verbe]

— dans des propositions incises, annonçant les paroles de quelqu'un :

«Alors, répondit le père, il nous faudra réagir fermement. [Au lieu de : *Le père répondit : «Alors, il nous faudra réagir fermement.»*]

— dans une proposition commençant par un adverbe de manière, de temps, ou un complément circonstanciel de lieu, de temps, etc. :

Ainsi parlait ma mère. [Au lieu de : *Ma mère parlait ainsi.*]
Sur le boulevard roulaient d'innombrables motos. [Au lieu de : *D'innombrables motos roulaient sur le boulevard.*]

— dans certaines propositions subordonnées infinitives :

Toute la ville entendait atterrir les hélicoptères.
                  [verbe]   [sujet]
[Au lieu de : *Toute la ville entendait les hélicoptères (atterrir).*]
                      [sujet]   [verbe]

— dans des propositions interrogatives :

Que prend-elle ? [Au lieu de : *Qu'est-ce qu'elle prend ?*]
Avec qui est-il venu ? [Au lieu de : *Il est venu avec qui ?*]

En d'autres mots, **le verbe s'accorde toujours avec son sujet, peu importe l'endroit où est placé ce sujet**. Pour trouver le sujet d'un verbe, il faut tout simplement poser la question : «**Qui fait l'action de... ?**»

 Les travaux qu'exécute la couturière sont très recherchés.
Dans la forêt coulent de superbes petits ruisseaux.

Dans ces deux exemples, les deux verbes conjugués *exécute* et *coulent* ont leur sujet placé après eux. Mais posons les questions qui nous les feront trouver :

Qui est-ce qui fait l'action d'exécuter les travaux ? C'est la couturière (3e personne du singulier). La terminaison du verbe en *-er* sera donc *-e* (voir le tableau de l'indicatif présent à la page 64).

Qu'est-ce qui fait l'action de couler dans la forêt ? Ce sont les ruisseaux (3e personne du pluriel). La terminaison du verbe en *-er* sera donc *-ent* (voir le tableau des terminaisons de l'indicatif présent à la page 64).

Ⓟ RIORITÉS DES PERSONNES GRAMMATICALES

> *Si un verbe a plusieurs sujets, il prend la marque du pluriel et s'accorde avec **la personne qui a la priorité**. Cela veut dire qu'une personne a l'avantage sur une autre personne et que **c'est elle qui va commander l'accord du verbe**. Ainsi, la 1re personne aura la priorité sur les 2e et 3e personnes ; la 2e personne aura la priorité sur la 3e personne.*

Deux exemples nous aideront à mieux comprendre cette notion.

 Annie [3e], toi [2e] et moi [1re] ir**ons** au théâtre ce soir.

Moi est à la 1re personne, laquelle a la priorité sur la 2e et sur la 3e personne. C'est pourquoi le verbe se met à la 1re personne. Pourquoi se met-il au pluriel ? Parce qu'il a trois sujets.

 Mes amis [3e] et toi [2e] viend**rez** jouer avec moi.

Toi (2e personne) a la priorité sur la 3e personne (*amis*).
C'est pourquoi le verbe se met à la 2e personne. Pourquoi le verbe est-il au pluriel ? Parce qu'il a deux sujets.

EN RÉSUMÉ

• Lorsque le verbe a **un seul sujet**, il s'accorde avec son sujet, peu importe l'endroit où celui-ci est placé.

 Ses yeux devenaient vifs et subitement s'enflammaient en présence de ses ennemis. [*Yeux* est sujet de *devenaient* et de *s'enflammaient*.]

Son mal atteignit l'estomac et provoqua des vomissements qu'accompagnaient de très vives douleurs. [*Mal* est sujet de *atteignit* et de *provoqua*; *douleurs* est sujet de *accompagnaient*.]

• Lorsque le sujet du verbe est un **nom collectif** suivi d'un complément au pluriel, le verbe se met soit au singulier, soit au pluriel. Au chapitre du nom, nous avons traité du nom collectif sujet (voir p. 22). Voici deux exemples qui nous obligeront à considérer le sens de la phrase:

 Le nombre des blessés était considérable. [Singulier]
Un nombre considérable [beaucoup] de blessés étaient soignés. [Pluriel]

• Lorsque le sujet est un **adverbe de quantité** (ou une expression de même sens), le verbe se met au pluriel.

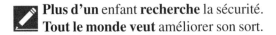 **Beaucoup** de jeunes filles pratiquent des sports violents.
Elle lança un défi que **peu** osèrent relever.

• Après «**plus d'un**» et «**tout le monde**», le verbe est au **singulier**.

 Plus d'un enfant **recherche** la sécurité.
Tout le monde veut améliorer son sort.

• Après «**moins de deux**», le verbe est au **pluriel**.

Moins de deux années **se sont écoulées** depuis ce sinistre.

• Si le sujet du verbe est un **pronom démonstratif, possessif, indéfini**, le verbe s'accorde avec ce pronom, qu'il soit singulier ou pluriel.

 Marie-Paule me disait dernièrement : «Ces machines sont fiables, mais **celles-là** [pron. dém.] le sont davantage.»

J'ai acheté deux magnifiques chandails, mais il est évident que **les tiens** [pron. poss.] sont d'une meilleure qualité.

Plusieurs auditeurs m'ont félicitée pour mon travail. Je crois que **certains** [pron. indéf.] étaient vraiment sincères.

Résumons l'accord du verbe ayant plusieurs sujets.

• **Sujet récapitulatif**

Quand un mot résume ce qui a été signalé auparavant, le verbe s'accorde avec ce mot récapitulatif.

 Les hommes, les femmes, les enfants, **tous étaient** invités.
Cadeaux, surprises, repas, **tout faisait** partie de la fête.

• **Sujets placés par gradation ou synonymes**

Quand les sujets sont placés par gradation ou sont synonymes, le verbe s'accorde avec le dernier sujet.

 Un regard, un soupir, un seul mot nous a suffi pour réagir.
Sa gentillesse, sa délicatesse charmait l'auditoire.

• **Sujets réunis par la conjonction de coordination** *ou*

Lorsque deux sujets de la 3e personne sont réunis par la conjonction *ou*, le verbe s'accorde avec le dernier au singulier :

– si l'on parle d'*une seule action*.

 Pierre **ou** Jean obtiendra **le** contrat.
La peur **ou** la misère lui a fait commettre **cette** erreur.

– si l'on parle de *plusieurs actions* faites par un seul des sujets joints par *ou*.

 La grêle **ou** la sécheresse a détruit **les** moissons de Jean.

Lorsque deux sujets sont joints par la conjonction *ou*, le verbe se mettra au pluriel si l'on parle de plusieurs actions accomplies en partie par l'un des sujets, en partie par l'autre.

La peur **ou** la misère ont fait commettre **bien des erreurs**.
[Tantôt la peur, tantôt la misère. *Ou* peut signifier *et* puisqu'on dit qu'il y a eu *bien des erreurs*.]

• Sujets joints par *ni*

Si les sujets sont joints par *ni*, le verbe se met ordinairement au **pluriel**.

Ni la fortune **ni** les honneurs ne nous **rendent** heureux.
On pourrait dire : La fortune **et** les honneurs ne nous rendent pas heureux.

Si le verbe ne s'adresse qu'à un seul des sujets exprimés, il sera au singulier.

Ni Maude ni Francine ne **sera** élue **présidente** du conseil.

• Sujets unis par une comparaison

Quand deux sujets sont joints par une comparaison : *comme*, *de même que*, *ainsi que*, etc., le verbe s'accorde avec le sujet de la proposition principale. Le sujet de la comparative, lui, se rapporte au verbe sous-entendu. La comparative est alors entre deux virgules.

L'enfant, comme la jeune plante, **a besoin** de soutien.

Si l'on veut donner le sens de *et* aux conjonctions ou locutions conjonctives *comme*, *de même que*, *ainsi que*, etc., on supprime les deux virgules et on accorde le verbe avec les deux sujets.

La santé comme la fortune **méritent** une attention toute particulière.

L'attribut

> *L'attribut est un mot ou un groupe de mots qui exprime, par l'inter-*
> *médiaire d'un verbe, la manière d'être du sujet ou du complément*
> *d'objet direct. Il marque une qualité qu'on attribue à la personne*
> *ou à la chose dont on parle.*

Quelles sont les natures de mots qu'on retrouve comme **attributs**?

• **Un nom:**

> L'électricité fut l'**invention** du siècle. [*Invention* est attribut du sujet *élec-*
> *tricité.*]

• **Un adjectif qualificatif ou un participe passé pris comme un adjectif:**

> Les fruits sont **mûrs** et **savoureux**. [*Mûrs* et *savoureux* sont attributs du
> sujet *fruits.*]
> Ces exercices sont **pratiques** et **enrichissants**. [Attributs de *exercices.*]

• **Un pronom:**

> Je dirai à mes amis **qui** vous êtes. [*Qui* est attribut de *vous.*]

• **Un infinitif:**

> Chanter n'est pas **crier**. [*Crier* est attribut de *chanter.*]

• **Une proposition:**

> Mon opinion est **qu'il faut réagir**. [*Qu'il faut réagir* est attribut de
> *opinion.*]

Attribut du sujet

• **L'attribut est lié au sujet par le verbe *être*:**

> Tout est **calme**. [*Calme* est attribut du sujet.]

• **L'attribut est lié au sujet par les verbes *être, paraître, sembler, devenir,***
  ***rester, demeurer, naître, vivre, mourir* ou tout autre verbe exprimant l'état:**

> Petit poisson deviendra **grand** si Dieu lui prête vie. [*Grand* est attribut
> de *poisson.*]

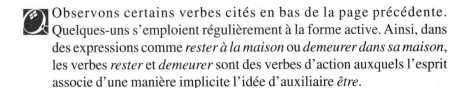Observons certains verbes cités en bas de la page précédente. Quelques-uns s'emploient régulièrement à la forme active. Ainsi, dans des expressions comme *rester à la maison* ou *demeurer dans sa maison*, les verbes *rester* et *demeurer* sont des verbes d'action auxquels l'esprit associe d'une manière implicite l'idée d'auxiliaire *être*.

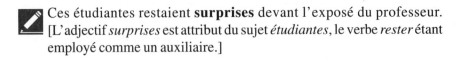Ces étudiantes restaient **surprises** devant l'exposé du professeur. [L'adjectif *surprises* est attribut du sujet *étudiantes*, le verbe *rester* étant employé comme un auxiliaire.]

Distinguons les exemples qui suivent :

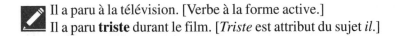Il a paru à la télévision. [Verbe à la forme active.]
Il a paru **triste** durant le film. [*Triste* est attribut du sujet *il*.]

Elle vécut vingt ans dans sa maison. [Verbe à la forme active.]
Elle vécut **heureuse**. [= Elle vécut étant heureuse. *Heureuse* est attribut de *elle*.]

L'attribut est lié au sujet par les verbes à la forme passive (le sujet ne fait pas l'action que le verbe exprime).

Henri fut nommé **président**.

TTRIBUT DU COMPLÉMENT D'OBJET DIRECT

> *L'attribut est lié au complément d'objet direct par des verbes tels que **nommer**, **appeler**, **dire**, **croire**, **penser**, **estimer**, **juger**, **savoir**, **faire**, **voir**, **faire voir**, **montrer**, **représenter**, **rendre**, etc.*

Tous ses amis le croyaient **honnête**.

Honnête est attribut de *le*, complément d'objet direct. On croyait qui ? *Le*, comme étant honnête.

On vous a nommée **présidente** de la régie.

Présidente est attribut de *vous*, complément d'objet direct.

On jugera sans doute l'accusée **apte** à subir son procès.

L'accusée est complément d'objet direct du verbe *jugera*. Or, la qualité qu'exprime l'adjectif *apte* s'adresse à *l'accusée*. Donc *apte* est attribut du complément d'objet direct *l'accusée*.

 Je te sais **courageux** et **intrépide** pour réussir cet exploit.

Courageux et *intrépide* sont attribut du complément d'objet direct *te*.

 On a désigné mon ancien associé **entrepreneur de l'année**.

Mon ancien associé est complément d'objet direct de *a désigné*. À qui est attribuée la qualité d'entrepreneur de l'année ? *À mon ancien associé*. Nous voyons donc que *entrepreneur de l'année* est ici attribut du complément d'objet direct *associé*.

 Katie est **dynamique** ; on l'a élue **présidente de la chambre de commerce**.

Dynamique est attribut du sujet *Katie*. *Présidente de la chambre de commerce* est attribut de **l'** (complément d'objet direct), mis pour *Katie*.

Le complément

> *Le complément est un mot ou un groupe de mots qui se joint à un autre mot pour en compléter le sens.*

Grâce à des exemples, nous saisirons rapidement le vrai sens du mot *complément*. Trop souvent, nous employons des mots sans connaître leur véritable signification. Avant de nous servir des outils du français, sachons, au départ, l'usage qu'on peut en faire. Ce sera plus facile, par la suite, de les utiliser à bon escient.

Nous allons donc passer en revue **les différentes sortes de compléments**, soit le complément du **verbe**, le complément du **nom**, le complément de **l'adjectif**, le complément du **pronom** et le complément de **l'adverbe**.

ⓒOMPLÉMENT DU VERBE

> *Le complément du verbe est un mot ou un groupe de mots qui complète et précise le sens d'un verbe. Et comme nous retrouvons un verbe dans chaque phrase, les compléments du verbe seront fréquents.*

Si l'on pose une question après un verbe, on obtient un complément du verbe.

Les principaux compléments du verbe sont :
- le complément d'objet (direct ou indirect) ;
- le complément circonstanciel ;
- le complément d'agent du verbe passif.

Notons qu'en grammaire le mot *objet* peut désigner ou la personne, ou la chose, ou bien l'idée sur laquelle porte l'action que le verbe exprime.

Le complément d'objet direct

> *Le complément d'objet direct (COD) répond à la **question «qui?»** ou **«quoi?»** posée après le verbe ; la réponse à cette question complète le sens du verbe. L'objet peut être une personne ou une chose.*

 L'amoureux regarde sa **compagne**.
    [sujet]   [verbe]   [COD]

Qui fait l'action de regarder ? C'est l'*amoureux*, sujet de *regarde*. Et cet amoureux regarde qui ? Sa *compagne*, complément d'objet direct du verbe *regarde* après lequel j'ai posé la question «qui?». *Compagne* est complément d'objet direct et le verbe n'exige pas de préposition pour amener ce complément.

Le caissier demande à son client **son livret de banque.**

[compl. du verbe]

Posons une question au verbe. Mais quelle question? Le sens de la phrase nous le dit:

Le caissier demande **quoi**? Réponse: son *livret de banque* (complément d'objet direct).

Le complément d'objet indirect

*Le complément d'objet indirect répond à la question «**à qui?**», «**à quoi?**», «**de qui?**», «**de quoi?**», etc., posée après le verbe. Il s'appelle ainsi parce qu'il est **joint au verbe par une préposition.***

 L'exilé songe souvent à sa **patrie.**

[sujet] [verbe]　　　　[COI]

L'exilé songe **à quoi**? À sa patrie.

 Je pense aux **personnes** qui manquent d'**affection.**

　　　　[COI]　　　　　　　　　[COI]

Je pense **à qui**? Aux *personnes*. Celles-ci manquent **de quoi**? D'*affection*.

Le complément d'objet, qu'il soit direct ou indirect, peut être un nom, un pronom ou un infinitif sur qui porte l'action du verbe.

 Marie aime la **campagne.** Elle l'aime. Elle aime **voyager.**

　　　　[nom]　　　[pronom]　　　　　[infinitif]

Les questions posées après le verbe sont les suivantes:

«Qui?» pour les personnes. «Quoi?» pour les choses.

Et comme on aime *quelqu'un* ou *quelque chose*, le verbe *aimer* n'exige pas de préposition. C'est pourquoi il amène un complément d'objet direct (COD) aux questions «qui?» ou «quoi?» posées après le verbe.

Ⓥ ERBE TRANSITIF DIRECT OU INDIRECT

*Un verbe est **transitif** quand il amène un **complément d'objet.** Il établit une relation entre le sujet et un complément d'objet direct ou indirect.*

 La jeune fille ambitieuse **maîtrise** la langue française.

[sujet]　　　　　[verbe]　　　　[COD]

Maîtrise est un verbe **transitif direct** parce qu'il introduit un complément d'objet direct.

La jeune fille ambitieuse **pensait** à sa leçon de français.
       [sujet]   [verbe]   [COI]

Pensait est un verbe **transitif indirect** parce qu'il introduit un complément d'objet indirect.

Faisons un rapprochement entre les compléments et les verbes transitifs directs et indirects. Certains verbes amènent plusieurs sortes de compléments. Ainsi, le verbe *parler* peut être :

• **Transitif direct :**

Je parle le français. [Je parle **quoi** ? Le *français*, complément d'objet direct.]

• **Transitif indirect :**

Je parle au postier. [Je parle **à qui** ? Au *postier*, complément d'objet indirect.]

D'autres verbes n'ont qu'une sorte de complément.

Nous ressemblons à nos parents. [Nous ressemblons **à qui** ? À nos *parents*, complément d'objet indirect. *Ressembler* est un verbe transitif indirect.]

V ERBE INTRANSITIF

Le verbe intransitif n'introduit pas de complément d'objet direct ni indirect. **Intransitif veut dire «qui n'est pas transitif».**

Les tulipes fleurissent tôt en mai.
Carole voyage en Europe chaque année.

Nous voyons que, dans chacune de ces phrases, le verbe introduit un complément circonstanciel et non un complément d'objet direct ou indirect.

Les verbes **transitifs directs** introduisent un complément d'objet direct (COD).
Les verbes **transitifs indirects** introduisent un complément d'objet indirect (COI).
Les verbes **intransitifs** n'ont pas de complément d'objet direct ni indirect, mais ils peuvent avoir un complément circonstanciel.

Précisons ici que les temps composés de **certains verbes intransitifs** (ceux qui n'ont pas de complément d'objet direct ni de complément d'objet indirect) **sont conjugués avec l'auxiliaire *être*.**

Quels sont ces verbes ?

aller	échoir	naître	repartir	sortir
arriver	éclore	partir	rester	survenir
décéder	entrer	parvenir	retourner	tomber
devenir	mourir	rentrer	revenir	venir

 Hier, mes amies **sont revenues** de France. Elles **sont arrivées** à Mirabel à 16 h 30. Nous **sommes allées** à la cafétéria. Nous y **sommes restées** une demi-heure et nous **sommes reparties** ensuite vers la ville.

C OMPLÉMENT CIRCONSTANCIEL

Le complément circonstanciel est un mot ou un groupe de mots qui précise les circonstances de l'action. Les compléments circonstanciels répondent à des questions aussi variées que : «où ?», «quand ?», «comment ?», «pourquoi ?», etc., posées après le verbe.

On distingue autant de compléments circonstanciels qu'il y a de circonstances différentes. Les verbes n'exigent pas toujours des prépositions pour amener un complément circonstanciel.

 Je chanterai ce soir. [Complément circonstanciel de temps.]
Je chanterai à l'opéra. [La préposition amène le complément de lieu.]

Les principales circonstances sont :

• **Le temps (époque, durée) :**

 L'été commence le 21 juin.
Il voyagea pendant 80 jours.

• **Le lieu où l'on est ; où l'on va ; d'où l'on vient ; et où l'on passe :**

 Je demeure à Repentigny, rue Sauriol.
Je me rends au théâtre.
J'arrive de notre chalet.
En passant par la Lorraine...

- **La cause, introduite par les prépositions ou locutions prépositives** *par, pour, de, malgré, à cause de, en dépit de, faute de,* **etc. :**

  Mourir de chaleur.
  Perdre par excès de confiance.
  Lire parce qu'on s'ennuie.
  Abandonner pour cause de maladie.

- **La manière, introduite par les prépositions** *avec, de, par, à,* **etc. ou sans préposition :**

  Parler sans méchanceté.
  Réagir avec joie.
  Rester bouche bée.
  Conduire nerveusement.

- **L'accompagnement, introduit par les prépositions** *avec* **ou** *sans* **:**

  Voyager avec la famille.
  Sortir sans son conjoint.

- **Le but, introduit par les prépositions ou les locutions prépositives** *pour, afin que, pour que,* **etc. :**

  Je travaille pour me ramasser des sous.
  Tu voyages pour que tu t'instruises sur place.

- **Le moyen, ou l'instrument, introduit par les prépositions** *avec, de, par, à,* **etc. :**

  Blesser avec un bâton.
  Se parler par intermédiaires.
  Pêcher au filet ou à la ligne.

- **Le poids et la mesure, avec ou sans préposition :**

  Il pèse 100 kilos.
  Je dépasse Louis de cinq centimètres.

- **La distance, introduite par les prépositions** *à, de, en,* **etc. :**

  Je demeure à 20 kilomètres de chez toi.

- **Le prix, avec ou sans préposition :**

  Vendre à prix réduit.
  Je l'ai échangée pour 5 000 dollars.
  Cette vidéocassette coûte trois dollars.

COMPLÉMENT D'AGENT

> *La fonction complément d'agent est remplie par un mot ou un groupe de mots qui, après un verbe passif et seulement après un verbe passif, indique l'agent (personne, animal ou chose) qui fait l'action exprimée par le verbe. Le complément d'agent est introduit par les prépositions **par** et **de**.*

On emploie ordinairement **par** si l'on exprime une **action accomplie par l'agent**.

On emploie **de** si l'on exprime **un état ou le résultat d'une action**.

Les visiteurs sont transportés **par** le **chauffeur** d'autobus.
La cigogne fut invitée à dîner **par** le **renard**.
Cet événement est connu **de** toute la **population**.

Chauffeur, *renard* et *population* sont compléments d'agent du verbe à la forme passive.

Le complément d'agent est toujours celui qui fait l'action exprimée par le verbe à la forme passive. Le sujet d'un verbe à la forme passive ne fait pas l'action que le verbe exprime. Toutefois, le verbe s'accorde en genre, en nombre et en personne avec son sujet.

Pour transformer la phrase à la forme passive en une phrase à la forme active, **on inverse le complément d'agent et le sujet**.

• **Forme passive :**

Les parents sont aidés par leurs enfants.

Ici, ce ne sont pas *les parents* qui font l'action d'aider. Ce sont les enfants (compl. d'agent) qui font cette action.

• **Forme active :**

Les enfants aident leurs parents.

Un verbe est à la forme active quand le sujet fait l'action exprimée par ce verbe. Ci-dessus, ce sont les enfants qui font l'action d'aider. Donc, *enfants* est sujet du verbe *aident* à la forme active.

C OMPLÉMENT DU NOM

> *Le complément du nom est un mot ou un groupe de mots qui complète et précise le sens d'un nom.*

Si l'on pose une question à un nom, on obtient un complément du nom auquel on a posé la question.

 Le fils de la **propriétaire** de l'**immeuble** est parti en voyage.
[compl. du nom] [compl. du nom]

Posons la question : **Quel fils ?** Le fils de la propriétaire.

Propriétaire est ici complément du nom *fils*. Si l'on disait simplement : *Le fils est parti en voyage*, on n'apporterait aucune précision à son sujet. Pour compléter notre pensée, on ajoute : *de la propriétaire*.

Il en est de même du mot *immeuble* ; c'est le complément du nom *propriétaire*. La question est : **Quelle propriétaire ?** La propriétaire de l'immeuble.

Le complément du nom peut exprimer :

- **la possession :**   Les skis de François [François est le possesseur].
- **la matière :**   Des vestons en nylon.
- **le contenu :**   Un litre de vin.
- **l'espèce :**   Un jeu de ballon.
- **la profession :**   Le métier de pilote.
- **la qualité :**   Une femme de cœur.
- **le prix :**   Du vin à dix dollars.
- **l'origine :**   La tourtière du Lac-Saint-Jean.
- **le lieu :**   Une randonnée dans les bois.
- **le temps :**   Une expérience de huit jours.

Remarquons le complément du nom. Il suit le premier nom auquel nous posons la question. La question est simple : elle correspond au sens de la phrase.

Quelles espèces de mots peuvent compléter un nom, c'est-à-dire être compléments du nom?

Un **nom** peut compléter un nom.

 Les fables de **La Fontaine**. [Quelles fables?]

Un **pronom** peut compléter un nom.

 La maison de **celui-ci**. [Quelle maison?]

Un **infinitif** peut compléter un nom.

 La machine à **laver**. [Quelle machine?]

Un **adverbe** peut compléter un nom.

 La mentalité d'**autrefois**. [Quelle mentalité?]

Dans l'exemple suivant, le complément du nom peut aussi être une proposition subordonnée relative (pronom relatif *que* et antécédent *maison*).

 La maison **que vous voyez là-bas** est à vendre.

En posant la question «Quelle maison?» nous obtenons comme réponse: *que vous voyez là-bas*. Dans cette réponse, nous avons un pronom relatif et un verbe conjugué, donc une proposition subordonnée relative. Toute cette proposition subordonnée relative complète le nom *maison*.

C OMPLÉMENT DE L'ADJECTIF

> *Le complément de l'adjectif est un mot ou un groupe de mots qui complète et précise le sens d'un adjectif.*

Si l'on pose une question à un adjectif, la réponse qu'on obtient est un complément de l'adjectif.

 Un panier plein de **fleurs**.

Un panier plein de quoi? De fleurs.

Dans cette phrase, le mot *fleurs* est complément de l'adjectif *plein*.

Prenons un autre exemple. Si l'on dit : « Ils sont incapables », on a une phrase dont le sens est très général. Mais si l'on dit plutôt : « Ils sont incapables de **parler** », on complète l'adjectif *incapables*. Incapables de quoi ? De parler. *Parler* est complément de l'adjectif *incapables*.

Le complément de l'adjectif peut aussi être une proposition contenant un verbe conjugué.

 Êtes-vous heureuse **que votre porte-monnaie ait été retrouvé** ?

Posons une question à l'adjectif : **Heureuse de quoi ?** La proposition *que votre porte-monnaie ait été retrouvé* est le complément de l'adjectif *heureuse*.

Notons la différence entre les deux compléments qui suivent. La même question « de qui ? » sera posée dans les deux exemples. Dans le 1er exemple, la question sera posée après le verbe *ont parlé*. Dans le 2e exemple, la question sera posée après l'adjectif *jalouses*.

 Ces personnes ont parlé de leurs **enfants**. [Elles ont parlé de qui ?]
Ces personnes sont jalouses de leurs **voisines**. [**Jalouses de qui ?**]

Dans le 1er exemple, *enfants* est complément d'objet indirect du verbe *ont parlé* parce qu'on a posé la question au verbe *ont parlé*.

Dans le 2e exemple, *voisines* est complément de l'adjectif *jalouses* parce qu'on a posé la question à l'adjectif *jalouses*.

C OMPLÉMENT DU PRONOM

Le complément du pronom est un mot ou un groupe de mots servant à compléter le sens d'un pronom.

Les compléments du pronom peuvent être un nom, un pronom, un infinitif ou même une proposition.

• **Un nom :**

 L'exercice de la pêche ou celui de la **chasse**. [*Celui* remplace le nom *exercice*. Quel exercice ? Quel celui ? Réponse : de la chasse. *Chasse* est alors complément du pronom *celui*.]

• **Un pronom :**

 Oubliez vos succès ; pensez à ceux d'**autrui**. [*Ceux* remplace le nom *succès*. Pensez à quels *ceux* (succès) ? Ceux d'autrui.]

• **Un infinitif :**

 Quelle joie, celle de **se dévouer** pour son prochain ! [*Celle*, pronom démonstratif, remplace le nom *joie*. *Se dévouer* complète le pronom *celle*.]

• **Une proposition :**

 Comprenez bien ce **que je vous explique**. [*Ce*, est un pronom démonstratif *neutre*. Il signifie : la chose, cela en général. Ici, le pronom neutre *ce* a comme complément la proposition qui suit : *que je vous explique. Que* est le pronom relatif et il a un antécédent, le pronom démonstratif *ce*. Posons la question : Quel ce ? La réponse : *que je vous explique*, proposition complément du pronom démonstratif neutre *ce*.

Enfin, certains pronoms interrogatifs ou pronoms indéfinis peuvent avoir un complément de sens *partitif* introduit par la préposition *de* ou *entre* :

 Qui de **vous** peut se croire supérieur à l'autre ? [*Vous* est complément du pronom interrogatif *qui*.]

Lequel d'entre **vous** peut se vanter de n'avoir jamais failli ? [*Vous*, complément de *lequel* est introduit par les prépositions **de** et **entre**.]

L'un de **vos amis** s'est présenté au bureau. [*L'un* est pronom indéfini et *amis* est complément du pronom *l'un*.]

L'adjectif numéral [ou pronom numéral] peut avoir un complément :

 Cinq de **ses enfants** poursuivent leurs études. [La préposition *de* amène le complément *enfants*.]
Trois d'entre **eux** sont des professionnels. [Les prépositions *de* et *entre* amènent le complément *eux*.]

C OMPLÉMENT DE L'ADVERBE

Le complément de l'adverbe est un mot ou un groupe de mots servant à préciser le sens de l'adverbe.

Il faut toutefois mentionner deux exceptions :

• Quelques **adverbes de manière** peuvent avoir un complément amené par la préposition *à* ou *de* comme les adjectifs dont ils sont formés.

Par exemple, les adjectifs *indépendant* et *conforme* peuvent avoir un complément :

Être conforme à la loi. [Le mot *loi* est complément de l'adjectif *conforme*.]

Être indépendant de fortune. [Le mot *fortune* est complément de l'adjectif *indépendant*.]

Les adverbes *conformément* et *indépendamment* proviennent des adjectifs *conforme* et *indépendant*. Ils peuvent avoir un complément :

Il a réagi conformément à la loi. [Le nom *loi* est complément de l'adverbe *conformément* : Conformément à quoi ? À la loi.]

Elle agit indépendamment des préjugés. [Le nom *préjugés* est complément de l'adverbe *indépendamment* : Indépendamment de quoi ? Des *préjugés*.]

• Les **adverbes de quantité** *beaucoup*, *trop*, *peu*, *assez*, *moins*, etc., peuvent avoir eux aussi un complément précédé de la préposition *de* :

Beaucoup de soin ; peu de fautes ; moins de peine ; point d'argent. [Posons la question : « de quoi ? » Les réponses : *de soin*, *de fautes*, *de peine*, *d'argent*, donnent des compléments d'adverbe.

Certains adverbes comme *auparavant*, *alentour*, *dedans*, *dehors*, *dessus*, *dessous* s'emploient sans complément.
Les prépositions correspondantes, *avant*, *autour*, *dans*, *hors*, *sur*, *sous*, etc., amènent un complément.

Je les ai rencontrés auparavant.   Je l'ai vu **avant d'**entrer.
Je lui ai parlé dehors.   Il était **hors de** lui-même.
Je l'ai vue alentour.   Elle jouait **autour de** la maison.
Je l'avais placé dessus.   Je l'ai trouvé **sur** la table.
Je l'ai cachée dessous.   Il se trouvait **sous** la voiture.

L'épithète

> *La fonction d'épithète est exercée par un mot ajouté à un nom ou à un pronom pour le qualifier sans l'aide d'un verbe. Ce mot est le plus souvent placé près du nom qu'il qualifie.*

 Ma **petite** ville **natale** me rappelle de **bons** souvenirs.
      [épith.]   [épith.]   [épith.]

Les mots *petite* et *natale* donnent une qualité au nom *ville*, et *bons* qualifie le nom *souvenirs* sans se servir d'un verbe. Ce sont des épithètes.

 Le drapeau **rouge** flotte au haut du mât.

Le mot *rouge* donne une qualité au nom *drapeau* sans l'intermédiaire d'un verbe. Il est épithète de *drapeau*. Si l'on dit: *Le drapeau est rouge*, la qualité est attribuée au nom *drapeau* avec l'aide du verbe *être*. *Rouge* est alors attribut de *drapeau*.

L'apposition

> *L'apposition est un nom (ou un pronom, ou un infinitif, ou une proposition) placé à côté d'un autre nom pour le préciser. Elle désigne toujours la même personne ou la même chose que le nom qu'elle explicite.*

 Paris, la Ville lumière, est fascinante.
[*Ville-lumière* exprime en d'autres mots le nom *Paris*.
Ville-lumière est en apposition à *Paris*.]

La ville de Paris est fascinante.
[*Paris* est en apposition à *ville* et non pas complément de *ville*.
Paris et *ville* désignent la même chose.]

La banlieue de Paris est attrayante. *Paris*, complément du nom *banlieue*.
[Ici, *Paris* ne désigne pas la banlieue. *De* est une préposition qui amène le complément *Paris*. Quelle banlieue? La banlieue de Paris.]

Le mois de juillet.
[*Juillet* est en apposition à *mois*. Il n'est pas complément du nom *mois*. En parlant de *juillet*, je parle de mois. Voyez la différence entre «le mois de l'été» et «le mois de juillet». *Été* et *mois* ne désignent pas la même chose tandis que *juillet* et *mois* désignent la même chose.]

Attention ! Il en va autrement dans l'expression *déclaration d'impôt*. Quand on parle de déclaration, on ne parle pas nécessairement d'impôt. *Déclaration* et *impôt* ne signifient pas la même chose. Quelle déclaration ? Ma déclaration d'impôt. *Impôt* est complément du nom *déclaration*. Donc, *impôt* n'est pas en apposition à *déclaration*.

Pour terminer notre explication sur l'apposition, analysons les exemples suivants.

 Jacques Cartier, **découvreur du Canada**, planta une croix à Gaspé en 1534.

Le découvreur du Canada et Jacques Cartier sont le même individu. *Découvreur du Canada* est en apposition à *Jacques Cartier*. On encadre l'apposition de deux virgules.

 Félix Leclerc, **auteur d'*Adagio***, s'est distingué dans la chanson québécoise.

Quand je parle de l'auteur d'*Adagio*, je parle de Félix Leclerc ; « auteur d'*Adagio* » désigne la même personne et est en apposition à « Félix Leclerc ». On encadre l'apposition de deux virgules.

L'apposition

L'apostrophe

Le mot en apostrophe est un mot qui sert à interpeller directement une personne ou une chose personnifiée.

 Sophie, écoute.

Sophie est un nom mis en apostrophe.

Observons la distinction entre les deux exemples suivants :

 Éric sourit. [Indicatif présent]
Éric, souris. [Impératif présent]

Dans le premier exemple, on indique qu'Éric fait l'action de sourire ; le verbe est à l'indicatif présent, 3e personne du singulier.

Dans le deuxième exemple, l'interlocuteur donne un ordre. C'est pourquoi le verbe est au mode impératif. Dans cet exemple, *Éric* est un nom mis en apostrophe ; l'interlocuteur s'adresse directement à lui. À remarquer la virgule entre le nom en apostrophe et le verbe.

CHAPITRE III

QUELQUES DIFFICULTÉS ORTHOGRAPHIQUES OU GRAMMATICALES COURANTES

Même

Quel que / quelque

Tout

Leur

Le, la, les et *l'*

Particularités verbales : verbes en *-cer, -ger, -yer, -eler, -eter*

Dans les pages qui suivent, nous nous attarderons aux difficultés que nous rencontrons fréquemment dans nos écrits. Plus nous maîtriserons les règles relatives à ces difficultés, mieux nous écrirons notre français. Après la lecture attentive de ces points majeurs, nous nous sentirons en confiance et notre français écrit ne s'en portera que mieux.

Même

Adjectif indéfini

Même, *déterminant adjectif indéfini, exprime la ressemblance ou l'identité. Il se place **immédiatement** devant le nom et s'accorde en genre et en nombre avec ce nom qu'il détermine.*

 Vous lisez les **mêmes** livres que moi.
[identité]

Ces jumeaux ont vraiment les **mêmes** traits et la **même** allure.
[ressemblance]   [ressemblance]

Ce sont toujours les **mêmes** personnes qui apportent des suggestions positives.   [identité]

Voici une phrase qui intègre les principaux cas où le mot *même* sera un adjectif indéfini variable :

 Ce sont ces histoires **mêmes**, dont vous-**mêmes** êtes les héros, qui vous procurent toujours les **mêmes** satisfactions.

Dans « ces histoires mêmes », *mêmes* est un adjectif indéfini variable, car **il précise de manière expresse la chose dont il est question**. On n'utilise pas de trait d'union entre le nom et *mêmes*.

Préciser de manière expresse signifie : avec beaucoup d'insistance. Les déterminants qui précèdent le nom sont **l'article défini, l'adjectif démonstratif ou l'adjectif possessif**. À la place du nom, on peut aussi retrouver le pronom démonstratif ou le pronom possessif : *Ces lois viennent d'être adoptées et ce sont celles-là* [pron. dém.] *mêmes que nous devrons appliquer quotidiennement.*

Dans « vous-mêmes », *mêmes* est un adjectif indéfini variable, car **il suit un pronom personnel**. Il s'accorde en nombre avec celui-ci et s'y joint par un trait d'union.

 Toutefois, si nous employons le pronom personnel *vous* dans le cas du pluriel de politesse, le mot *même* restera au singulier puisqu'il ne désigne alors qu'une personne. (Exemple : *C'est vous-**même**, cher **papa**, qui me l'avez dit.*)

Dans « les mêmes satisfactions », *mêmes* est un adjectif indéfini variable, car il précède le nom en indiquant une ressemblance. Il s'accorde avec le nom qu'il détermine.

Adverbe

Même peut aussi être un adverbe. Dans ce cas, il est invariable. On peut alors souvent le remplacer par aussi ou également.

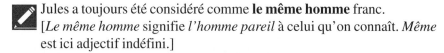

Même le public participera aux diverses compétitions.
Les hommes, les femmes, les enfants **même** seront invités.
Aujourd'hui, **même** les régions les plus éloignées sont câblées.

Saisissons le sens du mot *même* dans les exemples qui suivent :

Jules a toujours été considéré comme **le même homme** franc.
[*Le même homme* signifie *l'homme pareil* à celui qu'on connaît. *Même* est ici adjectif indéfini.]

Jules a toujours été considéré comme **la franchise même**.
[*La franchise même* signifie *la franchise par excellence*. *Même* est adverbe.]

Quel que / quelque

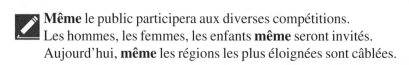

QUEL QUE

Généralement, **quel que** s'écrit en deux mots quand il est suivi immédiatement du verbe **être** au subjonctif. (Notons que les verbes **pouvoir** et **devoir** seront parfois employés devant le verbe **être**.)

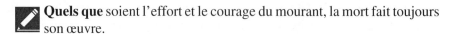

Quels que soient l'effort et le courage du mourant, la mort fait toujours son œuvre.

Cette phrase signifie : de quelque intensité que soient l'*effort* et le *courage* du mourant, la mort fait toujours son œuvre. Le mot *quels* est ici un adjectif indéfini qui se rapporte aux deux sujets : *effort* et *courage*, dont il devient l'attribut.

Remarquons que *soient* est au subjonctif ; il est à la 3e personne du pluriel en raison de ses deux sujets : *effort* et *courage*.

Quelle qu'ait été la méfiance qu'elle a dû surmonter, la recrue ne s'est pas découragée.

Pourquoi *quelle* est-il au féminin singulier ? Il est ici un adjectif indéfini attribut du sujet : *méfiance*, féminin singulier. *Ait été* est au subjonctif ; il est à la 3e personne du singulier, en raison de son sujet placé après lui.

Quels que doivent être les effets ou les conséquences de mes gestes, je devrai manifester beaucoup de dignité.

Remarquons d'abord que *quels que* est séparé du verbe *être* par *doivent*. Aussi, il est du masculin pluriel parce que *quels* est attribut de *effets* et de *conséquences*; dès qu'il y a un sujet du genre masculin, l'attribut se met au masculin.

 Quels que puissent être vos succès, vous n'êtes pas à l'abri de l'échec.

En d'autres mots, nous pourrions dire: que vos succès puissent être *quels*, c'est-à-dire plus ou moins fréquents. *Quels* est un adjectif indéfini. Il s'accorde avec le sujet *succès* placé après le verbe *être*.

QUELQUE

Quelque, écrit en un seul mot, peut être adjectif indéfini ou adverbe.

Adjectif indéfini

Quelque, adjectif indéfini, se présente en deux cas très précis.

• Premier cas:
L'adjectif indéfini *quelque* détermine le nom qui suit et s'accorde en genre et en nombre avec ce nom.

 J'ai réussi **quelques** problèmes de mathématiques.

Quelques a ici le sens de *plusieurs*. Il indique qu'il y a un certain nombre de problèmes, sans en préciser la quantité exacte.

• Deuxième cas:
Dans l'expression *quelque... que* suivie du verbe *avoir* ou d'un verbe d'action, *quelque* est adjectif indéfini variable.

 Quelques belles qualités que vous **possédiez**, vous devez toujours vous améliorer.

Cette phrase signifie ceci: Bien que vous possédiez *quelques* (dans le sens de *plusieurs*) belles qualités, vous devez toujours vous améliorer.

Voici d'autres exemples de *quelque*, adjectif indéfini variable:

 Quelques grandes joies que vous y **trouviez**... (verbe d'action).
Quelques sincères amis que nous **ayons**... (verbe avoir).
Quelques beaux tableaux que vous **achetiez**... (verbe d'action).

Adverbe

Quelque, *écrit en un mot, peut être un **adverbe**. Il est alors invariable.*

• *Quelque*, **suivi d'un adjectif numéral, est adverbe et invariable ; il signifie environ.**

 Il a parlé à **quelque** vingt personnes.
Quelque deux mille personnes assistaient à la soirée.

• *Quelque*, **suivi d'un adjectif et d'un verbe d'état comme** *être, paraître, sembler, demeurer, rester, devenir*, **est adverbe et invariable. Il a le sens de** *si* **ou de** *tellement*.

 Quelque belles **que** soient ces roses, elles ne valent pas l'amour que j'ai pour toi. [Si belles que…]

Quelque ambitieux **que** vous paraissiez, vous ne parviendrez pas à me convaincre.

 Revoyons encore une fois la différence entre *quelque* adjectif indéfini et *quelque* adverbe.

 Quelques bons résultats que vous **ayez obtenus**, vous devrez poursuivre votre ascension vers de plus hauts sommets.

Quelques est ici **adjectif indéfini**. Il fait partie de l'expression *quelque… que* suivie d'un verbe d'action. Il s'accorde avec le nom qu'il détermine.

 Quelque bonnes secrétaires que vous **soyez**, vous pouvez améliorer votre rendement.

Ici, l'expression *quelque… que* est suivie d'un verbe d'état. *Quelque* est donc **adverbe** et peut être remplacé par *si*.

Tout

Tout *peut être employé comme adjectif, comme adverbe, comme pronom ou comme nom.*

Adjectif qualificatif

Tout est un adjectif qualificatif quand il peut être remplacé par entier ou unique. Il s'accorde alors en genre et en nombre avec le nom qu'il qualifie.

Toute la foule se leva d'un seul mouvement. [La foule entière]
Pour **tout** bagage, il apporte sa débrouillardise. [Pour unique bagage]

Adjectif indéfini

Tout est un adjectif indéfini quand il accompagne le nom en y ajoutant une idée plutôt vague ou indéfinie de quantité. Il s'accorde alors en genre et en nombre avec le nom.

Toute activité mérite considération.

Dans cette phrase, on peut remplacer *toute* par *chaque* ou *n'importe quelle*.

Tous les êtres humains devraient se respecter.

Ici, *tous* accompagne *êtres humains* pour désigner l'ensemble de l'humanité en général.

Adverbe

Tout est adverbe quand il modifie un adjectif, un participe ou un adverbe. Il a alors le sens de si, tout à fait, très, entièrement.

Des chiens **tout** blancs. Des champs **tout** embaumés de parfum.
Elle racontait **tout** simplement ce qu'elle avait vécu.

En règle générale, ***tout* est adverbe et invariable** :

 – **quand il est placé devant un adjectif du masculin.**

Il s'est procuré deux vestons **tout** [entièrement] **neufs**.

– **quand il est placé devant un adjectif du féminin commençant par une
voyelle ou un *h* muet.**

Ces employées, **tout aimables** et **tout heureuses** qu'elles soient, semblaient quelque peu énervées.

Tout **est adverbe et variable, par euphonie, quand il est placé devant un
adjectif du féminin commençant par une consonne ou un *h* aspiré.**

Ces roses **toutes fleuries** sentent bon.
Elles partirent **toutes honteuses** sans dire un mot.

Il vaut mieux dire : **des roses toutes fleuries** plutôt que **des roses tout fleuries**.
Il en est ainsi de *toutes honteuses* que le français préfère à *tout honteuses*.

Pronom indéfini

Tout est pronom indéfini quand il remplace un nom. Il prend le genre et le
nombre de ce nom.

À l'entrée du chef d'orchestre, **tous** se levèrent.
Cinq pièces musicales ont été exécutées et elles ont **toutes** été réussies.
Tous aimaient l'entendre parler.

Nom commun

Tout peut être un nom et signifie alors la totalité ou l'ensemble. Il est alors
précédé d'un déterminant.

Dans ce cas, j'achète le **tout**.
Ces ensembles forment des **touts**.

• **Adjectif indéfini :**

Tout le monde veut parvenir au succès.
[Le nom *monde* est masculin singulier ; *tout* est masculin singulier.]

Tous les hommes souhaitent vivre heureux.
[*Hommes* est masculin pluriel ; *tous* est masculin pluriel.]

• Adjectif qualificatif :

Toute la famille réunie participe à la fête.
[Le nom *famille* est féminin ; *toute* est féminin et signifie *la famille entière*.]

Toutes les gagnantes étaient fières.
[*Gagnantes* est féminin pluriel ; *toutes* est féminin pluriel.]

• Adverbe invariable :

Nous avons retrouvé des arbres **tout** verts.
[*Tout* modifie l'adjectif masculin *verts*. Il signifie *entièrement*.]

• Adverbe variable par euphonie :

Elles se sont senties **toutes** stupéfaites.
Elles se sont retrouvées **toutes** honteuses.
[Devant un adjectif féminin commençant par une consonne ou un *h* aspiré, *tout* prend le genre et le nombre de l'adjectif.]

• Pronom indéfini :

Tous sont heureux de la tournure des événements.

• Nom commun :

J'ai risqué le **tout** pour le **tout**. [Un déterminant est placé devant le nom *tout*. Pluriel : *des touts*.]

• Certaines locutions :

Tout feu **tout** flamme ; **tout** yeux, **tout** oreilles.
[Les noms ont une valeur d'adjectifs : *tout* est invariable.]

Tout, devant un adjectif masculin, est toujours invariable, que cet adjectif commence par une voyelle ou une consonne.

Tout, suivi de *autre* et d'un nom, est adjectif et variable quand il détermine ce nom. Il signifie *n'importe quel*.

Toute autre opinion pourrait être émise. [*Toute* prend le sens de *n'importe quelle*.]

Toute autre réponse logique sera acceptée. [*N'importe quelle* autre réponse logique sera acceptée.]

Tout, suivi de *autre* et d'un nom, est adverbe et invariable puisqu'il modifie l'adjectif indéfini *autre.* Il signifie *entièrement, complètement.* Le déterminant article précède alors l'adjectif *autre* et le nom.

 Une **tout** autre situation aurait été possible. [Cela signifie une situation complètement autre ou entièrement différente. *Tout* est alors invariable.]

Réunissons ces deux cas et retrouvons-les dans la même phrase :

 Toute autre opinion pourrait être émise dans ce cas, mais il faudra que ce soit dans une **tout** autre situation.

Leur

Adjectif possessif

L'adjectif possessif *leur* indique à qui appartient l'être ou l'objet qui désigne le nom auquel il se rapporte ; il prend le genre et le nombre de ce nom.

 Les enfants sont venus avec **leurs** parents.

Leurs se rapporte au nom *parents* et en indique le possesseur.

 Les enfants sont venus avec **leur** mère.

Leur se rapporte à *mère* ; c'est pourquoi il se met au singulier. S'il n'y avait eu qu'un seul enfant, nous aurions dit : « L'enfant est venu avec *sa* mère. » Comme ils sont plusieurs, nous disons « *leur* mère ». Mais il n'y a qu'une mère par enfant ; c'est pourquoi *leur mère* est au singulier.

Pronom possessif

Le pronom possessif *le leur* remplace le nom en indiquant le possesseur de l'objet ou de la personne. Il prend le genre et le nombre du nom qu'il remplace. Nous nous souvenons des pronoms possessifs : le mien, le tien, le sien, le nôtre, le vôtre, le leur, la leur, les leurs, etc.

 Tes explications sont claires, mais **les leurs** le sont davantage.

Les leurs est ici un pronom possessif qui remplace *leurs explications.*

Voici des crayons. Ceux qui n'ont pas **le leur** peuvent venir s'en procurer un.

Le leur remplace *leur crayon*. Nous comprenons ici que chacun devait avoir son crayon. Comme certains ont oublié **leur** crayon, ils peuvent en obtenir un.

Pronom personnel

Le pronom personnel *leur* **est le pluriel de lui ;** il remplace une personne ou une chose. **C'est pourquoi il ne prend pas de s** quand il se trouve devant un verbe.

Comparons les deux exemples qui suivent :

 Ils m'ont parlé et je **leur** ai répondu. [Ils étaient plusieurs.]
Il m'a parlé et je **lui** ai répondu. [Il était seul.]

Le, la, les et l'

Déterminants

Le, *la*, *les* et *l'*, **placés devant un nom**, sont des **déterminants** de ce nom, c'est-à-dire qu'ils se rapportent à ce nom et s'accordent avec lui en genre et en nombre.

 Le grand bateau   [déterminant article défini, masc. sing.]
Les grands bateaux   [déterminant article défini, masc. plur.]

La cuisinière experte   [déterminant article défini, fém. sing.]
Les cuisinières expertes   [déterminant article défini, fém. plur.]

L'oiseau-mouche   [déterminant article défini **élidé**, masc. sing.]
Les oiseaux-mouches   [déterminant article défini, masc. plur.]

Les articles définis *le* et *la* perdent le *e* ou le *a* devant un mot commençant par une voyelle ou un *h* muet. On parle alors d'un article défini élidé. (*Élidé* veut dire *supprimé* : nous avons supprimé la voyelle. Revoir la théorie en p. 7.)

le oiseau   → l'oiseau
la aviation   → l'aviation
le honneur   → l'honneur
la habitude   → l'habitude

Pronoms personnels

Devant un verbe, les pronoms personnels *le, la, les, l'* n'influencent pas l'accord du verbe dans sa terminaison. **Ils sont alors pronoms personnels compléments d'objet direct.**

 Les vitamines, je **les** digère facilement.

Dans cet exemple, le mot *les* placé devant le nom *vitamines* détermine ce nom.

Mais le mot *les* placé devant le verbe, que fait-il ? Posons notre question au verbe et nous trouverons un complément du verbe. Je digère quoi ? Je digère *les*, mis pour *vitamines*. Le pronom *les* est complément d'objet direct du verbe *digère*.

 Le mot *les* devant le verbe *digère* est pronom personnel et n'influence pas ce verbe. Celui-ci s'accorde avec *je*, 1re personne du singulier.

Si nous avions utilisé un temps composé (aux. et part. p.), nous aurions eu :

 Les vitamines, je **les** ai digérées facilement.

Les, pronom personnel, placé devant le verbe *ai digérées* est complément d'objet direct. J'ai digéré quoi ? *Les*, mis pour *vitamines*. Le participe passé a son complément d'objet direct placé devant lui ; il s'accorde avec ce complément d'objet direct qui est du féminin pluriel : digér**ées.**

Particularités verbales

Verbes en -cer et en -ger

Les verbes en **-cer** prennent une cédille sous le *c* devant *a, o* et *u*.

 Je lance ; je lançais ; nous lançons ; elles reçurent.

Les verbes en **-ger** prennent un *e* muet devant **a** et *o*.

 Je gage ; je gageais ; nous gageons ; nous gagions.

Verbes en -yer

Les verbes en *-oyer* et *-uyer* changent le *y* en *i* devant un *e* muet.

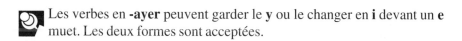

ENVOYER		ESSUYER	
J'	envo **i** e	J'	essu **i** e
Tu	envo **i** es	Tu	essu **i** es
Il, elle	envo **i** e	Il, elle	essu **i** e
Nous	envo **y** ons	Nous	essu **y** ons
Vous	envo **y** ez	Vous	essu **y** ez
Ils, elles	envo **i** ent	Ils, elles	essu **i** ent

Les verbes en **-ayer** peuvent garder le **y** ou le changer en **i** devant un **e** muet. Les deux formes sont acceptées.

Je balaye ou je balaie.
Je paye   ou je paie.
J'essaye ou j'essaie.

Verbes en -eler et en -eter

La plupart des verbes en *-eler* et en *-eter* doublent le *l* ou le *t* devant un *e* muet.

j'appelle	tu jetteras	elle étiquette	il becquettera
nous appelons	tu jetais	vous étiquetiez	nous becquetons

Depuis quelques années, certaines exceptions ont été modifiées. **Pour connaître les verbes qui font exception à cette règle générale, il faut consulter un dictionnaire récent.**

Voici les 21 verbes qui ne doublent pas le **l** ou le **t** devant une syllabe muette :

acheter, racheter, celer, déceler, receler, geler, dégeler, regeler, congeler, décongeler, surgeler, corseter, crocheter, ciseler, écarteler, démanteler, fureter, haleter, marteler, modeler, peler.

Au lieu de doubler la lettre **l** ou la lettre **t** devant un **e** muet, ces verbes prennent un accent grave sur le **e** devant une syllabe muette.

 Il ach**è**te ; elle c**è**le le paquet ; je dég**è**lerai le poisson.

Il faut donc écrire :

Il achète un cadeau, et non : *Il achette un cadeau.*
Elle cèle le paquet, et non : *Elle celle le paquet.*
Je dégèlerai le poisson, et non : *Je dégellerai le poisson.*

Ces verbes font exception à la règle générale.

CHAPITRE IV

LES SIGNES DE PONCTUATION

Le point
La virgule
Le point-virgule
Le deux-points
Le point d'interrogation
Le point d'exclamation
Les points de suspension
Les parenthèses
Les guillemets
Le tiret

Dans la langue écrite, ce sont les signes de ponctuation qui, la plupart du temps, indiquent les intonations et les arrêts exigés par le sens. La ponctuation clarifie le discours écrit en signalant les rapports qui existent entre les parties constitutives du discours en général et de chaque phrase en particulier. De plus, la ponctuation marque les pauses que nous devons faire en lisant.

Les six principaux signes de ponctuation sont :

le point [.], la virgule [,], le point-virgule [;], le deux-points [:], le point d'interrogation [?], le point d'exclamation [!].

Quatre autres signes s'emploient dans des circonstances particulières. Ce sont :

les points de suspension […], les parenthèses [( )], les guillemets [« »], le tiret [–].

Regardons de plus près chacun de ces signes de ponctuation.

Le point

Le point s'emploie à la fin d'une phrase pour indiquer que ce que l'on vient de dire forme un sens complet. Dans l'expression orale, il correspond à un repos et à une descente de la voix.

 La ponctuation permet de bien saisir l'idée exprimée par l'émetteur.

Le point sert aussi à indiquer une abréviation : *M.* pour *Monsieur* ; *pron.* pour *pronom* ; etc. Notons l'abréviation *MM.* pour *Messieurs*.

En ce qui concerne le retranchement des lettres d'un mot, trois règles précises sont à observer :

• **Si l'on n'écrit que la lettre initiale, on utilise le point abréviatif.**

 n. pour *nom* ; *v.* pour *verbe*.

• **Si l'on supprime les lettres finales d'un mot, le point abréviatif sera de nouveau utilisé après la dernière lettre de l'abréviation.**

 conj. pour *conjonction* ; *intr.* pour *intransitif*.

• **Si la lettre finale du mot est conservée, on n'utilisera pas le point.**

 Mme pour *Madame* ; *Mlle* pour *Mademoiselle* ; *Cie* pour *compagnie* ; *Mmes* pour *Mesdames* ; *Mlles* pour *Mesdemoiselles*.

premier	→	1er	premiers →	1ers
première	→	1re	premières →	1res
deuxième	→	2^{e}	deuxièmes →	2^{es}

• **À éviter :** les abréviations : *1^{ier}*, *1^{iers}* ; *2ième*, *2^{ièmes}*, etc.

La virgule

> *La virgule marque une petite pause dans la lecture. Elle sert à séparer, dans une même phrase, des éléments semblables, c'est-à-dire les noms, les adjectifs, les verbes, etc., qui ne sont pas unis par une conjonction de coordination (**et**, **ou**, **ni**).*

En règle générale, la virgule sépare :

• **les sujets d'un même verbe :**

Les hommes, les femmes **et** les enfants voyageaient.
[La conjonction *et* remplace la virgule à la fin de l'énumération.]

• **les attributs du sujet :**

Tout semblait simple, facile, aisé.

• **les propositions de même nature :**

Le chasseur vise le lièvre, l'attrape, le tue.

• **les mots mis en apostrophe :**

Pierre, je te parle.

• **les mots mis en apposition :**

Louise, **l'épicière,** veut élargir sa clientèle.

• **les propositions incises ou intercalées :**

« Donnez-moi, **dit ce peuple,** un roi qui se remue. » (La Fontaine)

• **les compléments d'un même verbe employés en inversion :**

Là-bas, sous les arbres, repose un homme fatigué.

De plus, si les mots ou les propositions reliés par *et, ou, ni* ont une certaine étendue ou sont employés plus de deux fois, il faut les séparer par une virgule.

 Molière disait : « Ou la maladie vous tuera, ou le médecin, ou bien ce sera la médecine. »

« Sur notre chemin, on n'aperçoit ni arbres, ni poteaux, ni clochers, ni tours, ni tombeaux. » (Chateaubriand)

La virgule peut remplacer un verbe sous-entendu.

 Mon père est ingénieur ; ma mère, architecte.

 On ne sépare pas le verbe et le sujet quand ils se suivent immédiatement.

CAS PARTICULIERS

L'emploi de la virgule

• **La virgule se met devant et non après certaines conjonctions.**

 J'ai voulu lui répondre, mais je me suis retenu.
Kader a réussi ses examens, sauf celui de physique.

Toutefois, la virgule est supprimée si ce qui suit la conjonction est très court et sans verbe conjugué.

 Ce mur n'est pas gris-bleu mais vert pâle.
Tous mes amis ont gagné leur pari sauf moi.

• **On met une virgule après un complément circonstanciel ou une subordonnée circonstancielle placés au début de la phrase.**

 Parce que tu n'as pas bien travaillé, tu as échoué à ton examen.

• **Les mots liens (marqueurs de relation) placés en début de phrase sont suivis d'une virgule. Les mots liens placés en milieu de phrase sont précédés et suivis d'une virgule.**

Par conséquent, vous communiquerez avec moi le plus tôt possible.
Les autres employés, de toute façon, reprendront le travail.

- **On peut mettre une virgule après une parenthèse fermante, mais jamais devant une parenthèse ouvrante.**

 À notre arrivée (il était minuit), nous lui avons retourné son appel.

- **Située en milieu de phrase, le complément circonstanciel ou la subordonnée circonstancielle se placent entre deux virgules.**

 Les réparations, si elles sont entreprises le mois prochain, pourront se terminer avant l'été.

- **Les conjonctions *mais* et *car* présentent certaines particularités. Les exemples suivants nous feront comprendre l'emploi de la virgule.**

 Nicolas est jeune, mais, dans ce domaine, il a beaucoup d'expérience.
Nicolas est jeune, mais dans ce domaine il a beaucoup d'expérience.

Remarquez bien l'emploi de la virgule dans ces deux derniers exemples. Dans le premier, on utilise trois virgules ; dans le deuxième, une seule virgule.

Cas précis où la virgule ne s'emploie pas

- **Généralement, on ne met pas de virgule entre le sujet et le verbe.**

 Les présidents et les vice-présidents se rencontreront demain.

- **Généralement, on ne met pas de virgule entre les compléments d'objet et le verbe.**

 Vous avez entendu mon discours. Vous avez parlé à l'auditoire.

- **Généralement, on ne met pas de virgule avant ni après les conjonctions *et*, *ou*, *ni* lorsqu'elles relient des mots de même nature : noms, verbes, etc.**

 Mes enfants participent aux activités sportives et culturelles.
Elle devra entreprendre son travail ou se retirer immédiatement.
Cette décision n'a été acceptée ni par les professeurs ni par la direction de l'école.

- **On ne met généralement pas de virgule devant une conjonction reliant deux propositions.**

J'ai terminé mes devoirs **et** j'ai ensuite étudié mes leçons.

Toutefois, si, dans la première proposition, on a déjà employé une conjonction pour unir deux mots de même nature, on placera une virgule devant la conjonction qui unit les deux propositions.

 J'ai terminé mes devoirs **et** mes leçons**, et** j'ai ensuite écouté le film.

J'irai la rencontrer à Montréal **ou** à Québec**, et** je l'inviterai à étudier notre projet.

• **On ne met pas de virgule pour séparer les milliers des centaines dans les nombres. Un simple espace suffira. La virgule séparera les décimales des entiers.**

 2 345,60 $; 5 220 km ; 24,5 kg ; 25,15 m.

Le point-virgule

*Le point-virgule sépare les parties semblables d'une même phrase, surtout celles qui sont déjà subdivisées par la virgule. Ces parties séparées expriment soit **des idées voisines ou complémentaires**, soit **l'opposition** ou **la comparaison**.*

 Un écureuil a écorché les branches du bouleau ; une odeur de miel vient de descendre.

Fais bien, tu seras remarqué ; fais mieux, tu seras envié.

Certaines se sont exprimées, d'autres ont simplement écouté ; plusieurs ont même décidé de quitter la place.

Le deux-points

Le deux-points s'emploie dans les trois cas suivants :

• **Pour annoncer une citation ou les paroles de quelqu'un :**

 Personne ne peut dire : « Je suis parfaitement heureux. » Le loup reprit : « Que me faudra-t-il faire ? » (La Fontaine)

• **Après ou avant une énumération :**

 Naître, souffrir, mourir : voilà notre histoire en trois mots. Voici notre histoire en trois mots : naître, souffrir, mourir.

• **Pour annoncer une explication ou une justification. Souvent, le deuxième membre de la phrase développe celui qui précède :**

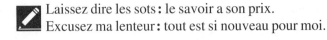

Laissez dire les sots : le savoir a son prix.
Excusez ma lenteur : tout est si nouveau pour moi.

Le point d'interrogation

> *Le point d'interrogation termine une question directe. Il s'emploie à la fin d'une phrase qui exprime une demande.*

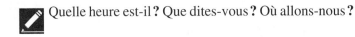

Quelle heure est-il ? Que dites-vous ? Où allons-nous ?

L'interrogation indirecte ne nécessite pas le point d'interrogation.

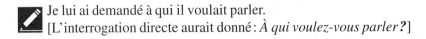

Je lui ai demandé à qui il voulait parler.
[L'interrogation directe aurait donné : *À qui voulez-vous parler ?*]

À l'intérieur d'une phrase, le point d'interrogation sera suivi d'une minuscule.

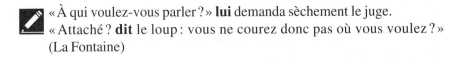

« À qui voulez-vous parler ? » **lui** demanda sèchement le juge.
« Attaché ? **dit** le loup : vous ne courez donc pas où vous voulez ? »
(La Fontaine)

Le point d'exclamation

> *Le point d'exclamation suit une phrase exclamative exprimant la joie, la douleur, la colère, la surprise, l'admiration, etc. Il s'emploie également après une interjection.*

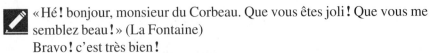

« Hé ! bonjour, monsieur du Corbeau. Que vous êtes joli ! Que vous me semblez beau ! » (La Fontaine)
Bravo ! c'est très bien !
Oh ! que cela est beau !

À l'intérieur d'une phrase, le point d'exclamation qui accompagne l'interjection exige, du mot qui suit, une minuscule.

Les points de suspension

Les points de suspension s'emploient quand une émotion ou une pensée soudaine vient occuper l'esprit et l'empêcher d'achever la phrase commencée.

 Quant à vous... mais je vous le dirai demain.
« Non, je veux dire... je veux savoir... si j'accepte, trouveras-tu que c'est une bonne idée ? » (Marie Laberge)

Les parenthèses

Les parenthèses servent à isoler, au milieu d'une phrase, des mots qui ne sont pas nécessaires pour le sens général. Elles servent également à fournir une référence quelconque.

 « La peste (puisqu'il faut l'appeler par son nom) faisait aux animaux la guerre. » (La Fontaine)

Les guillemets

Les guillemets encadrent les paroles de quelqu'un ou une citation.

 À Ivry, Henri IV dit à ses soldats : « Ne perdez point de vue mon panache blanc ; vous le trouverez toujours au chemin de l'honneur. »

Si une citation est une question, le point d'interrogation se place à l'intérieur des guillemets comme dans l'exemple suivant :

 L'enseignante lui dit : « As-tu étudié tes leçons, hier ? »

Si les guillemets encadrent une citation ou un proverbe, le point d'interrogation s'inscrit après le guillemet fermant puisque la ponctuation est ajoutée à cette citation par la question du début.

 Que pensez-vous du proverbe : « Advienne que pourra » ?

Le proverbe est entre guillemets et la question, posée au début, amène le point d'interrogation à la fin de la phrase.

On emploiera les guillemets pour attirer l'attention sur un mot ou encore pour indiquer qu'un mot est employé dans un sens inhabituel : *Le pronom « tu » indique la personne à qui l'on parle.*

 Les guillemets sont de petits chevrons doubles (« ») qui se placent au commencement (guillemet ouvrant) et à la fin (guillemet fermant) d'une citation, d'un dialogue, d'un mot, d'une locution qu'on désire isoler.

On utilise les guillemets anglais en double apostrophe (" ") à l'intérieur d'une citation déjà entre guillemets.

 Elle me demanda : « Connais-tu le poème "Soir d'hiver" de Nelligan ? »

Le tiret

Le tiret indique le changement d'interlocuteur dans le dialogue et remplace les mots : répondit-il, dit-il, etc.

 « Qu'est-ce là ? lui dit-il. – Rien. – Quoi rien ? – Peu de chose. – Mais encor ? – Le collier dont je suis attaché de ce que vous voyez est peut-être la cause. » (La Fontaine)

CHAPITRE V

LA PHRASE ET SES MODALITÉS

La phrase simple
La phrase complexe

Faisons une comparaison. Le corps humain est un organisme complexe. Pour qu'il fonctionne bien, il doit respecter les lois des divers systèmes qui le composent. On distingue les systèmes circulatoire, respiratoire, digestif et nerveux. Pour maintenir le corps en parfaite santé, il importe que chaque organe de chacun de ces systèmes remplisse adéquatement son rôle respectif. Ces divers systèmes rattachés au squelette forment un tout autour du cœur, cet organe indispensable chez l'être humain.

Cette description très succincte de la structure et du fonctionnement du corps humain nous fera comprendre davantage les aspects parfois complexes de la phrase.

Bien entendu, une analogie fait ressortir certaines ressemblances. En étudiant la **phrase simple** et la **phrase complexe,** nous verrons plus concrètement leur structure et leur fonctionnement. Les mots que nous utiliserons ont, comme nous l'avons exposé au début de la grammaire, une **nature** et une **fonction**. Les **neuf natures** ou espèces de mots et les **six fonctions** principales bien approfondies nous permettront maintenant d'employer les mots à bon escient.

PHRASE SIMPLE

> *La phrase peut se présenter sous une **forme simple** avec un **sujet**, un **verbe** et un **complément**.*

Exprimons une idée dans une phrase simple (un seul verbe conjugué) :

 Les nuages   apparaissent   dans le ciel.
     [sujet]   [verbe conjugué]   [complément du verbe]

Pourquoi donne-t-on à cette phrase le nom de *proposition* ? Parce que c'est une idée, un propos exprimé en utilisant un verbe conjugué.

Nous appelons cette proposition *indépendante* parce qu'elle ne dépend pas d'une autre proposition et qu'aucune autre proposition ne dépend d'elle. Une proposition indépendante n'a qu'un seul verbe conjugué. Dans l'idée exprimée par un verbe à l'impératif présent sans complément et ayant un sujet sous-entendu, nous aurons une proposition indépendante.

 Écoute. Apprends. Réfléchis.
     [*Toi* est sous-entendu. Ce sont trois phrases simples, trois indépendantes.]

     Les nuages **apparaissent**.

Le propos exprimé nous indique que les nuages font l'action d'apparaître. Or, à quoi sert le complément du verbe ? Il sert à préciser l'action d'apparaître. Plus nous avons de compléments du verbe, plus nous précisons notre pensée.

 Les nuages   apparaissent   tôt   dans le ciel bleu.
     [sujet]   [verbe conjugué][compl. de temps]   [compl. de lieu]

PHRASE COMPLEXE

> *La phrase peut se présenter sous une **forme complexe** lorsqu'elle renferme **plusieurs propositions** : des indépendantes, une principale et une relative ou des subordonnées complétives.*

Les propositions indépendantes

Quand deux ou plusieurs propositions indépendantes sont placées à côté les unes des autres sans autre séparation qu'un signe de ponctuation, ces propositions sont dites **juxtaposées**.

Voici trois propositions indépendantes reliées par la virgule :

 Le chasseur vise le lièvre, il l'attrape, il le tue.

Ce sont trois phrases simples. Nous aurions pu placer des points au lieu des virgules.

Des propositions indépendantes sont dites **coordonnées** quand elles sont unies entre elles par une conjonction de coordination.

 On s'amusait le soir **et** on allait ensuite se coucher.

Nous pourrions remplacer la conjonction *et* par un point sans altérer le sens.

Une proposition est dite **incise** ou **intercalée** quand elle s'insère dans la phrase sans avoir de lien grammatical avec le reste de la phrase. Elle se place entre deux virgules.

 La mode, **me direz-vous**, est ce qui se démode le plus rapidement.

La proposition incise (ou intercalée) **est une courte indépendante** qui ne sert qu'à évoquer la personne dont on rapporte les paroles. Dans ce cas, nous avons deux propositions indépendantes : l'indépendante proprement dite et l'incise.

La proposition principale

La proposition principale ne dépend d'aucune autre proposition, mais une ou plusieurs propositions dépendent d'elle.

 Les voyageurs sont revenus enchantés de leur randonnée parce que toutes les visites avaient été bien planifiées.

La première proposition, c'est la principale. Elle ne dépend pas d'une autre proposition. Elle aurait pu être indépendante si la deuxième proposition n'avait pas été énoncée. Mais comme une autre proposition dépend d'elle, elle remplit la fonction de principale par rapport à une proposition *subordonnée*.

Les propositions subordonnées

La proposition subordonnée dépend d'une autre proposition : soit de la principale, soit d'une autre subordonnée.

 Les voyageurs sont revenus enchantés de leur randonnée **parce que toutes les visites avaient été bien planifiées.**

On ne pourrait pas employer, seule, la deuxième proposition puisqu'elle complète la première, qui est la principale, en précisant la cause de l'enchantement des voyageurs. Cette deuxième proposition dépendant de la principale est dite *subordonnée.*

Les propositions subordonnées se divisent en trois grandes espèces.

• **La** *subordonnée relative* **commence par un pronom relatif et se rattache à un nom ou à un pronom.**

 J'ai mangé la pomme **que** j'ai cueillie dans l'arbre.
    [principale]   [sub. relative]

Le pronom relatif *que* amène automatiquement une subordonnée relative.

• **La** *subordonnée complétive* **est très souvent complément d'objet du verbe principal.**

 Je sais pertinemment **que** vous faites beaucoup d'efforts.
    [principale]   [conj.] [sub. compl. d'obj. dir.]

• **La** *subordonnée circonstancielle* **est complément circonstanciel du verbe de la principale.**

 Quand le chat n'est pas là,   les souris dansent.
  [sub. compl. circ. de temps]   [principale]

    Il a travaillé tellement fort   qu'il s'est rendu malade.
       [principale]   [sub. compl. circ. de conséquence]

RÉPÉTITION OU REDONDANCE DANS LA PHRASE

> *Une **répétition** ou une **redondance**, c'est ce qu'on appelle un **pléonasme**. C'est l'emploi de mots qui répètent une idée déjà énoncée.*

La Fontaine avait employé un pléonasme en disant :

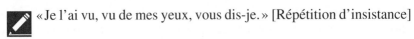 « Je l'ai vu, vu de mes yeux, vous dis-je. » [Répétition d'insistance]

On peut citer aussi cette phrase qu'on emploie souvent dans la conversation :

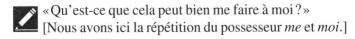 « Qu'est-ce que cela peut bien me faire à moi ? »
[Nous avons ici la répétition du possesseur *me* et *moi*.]

Voici un dernier exemple où le pronom remplace le nom :

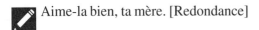 Aime-la bien, ta mère. [Redondance]

INTERROGATION DIRECTE OU INDIRECTE

> *L'interrogation directe présente une question posée de façon directe alors que, dans l'interrogation indirecte, nous posons la question de manière détournée.*

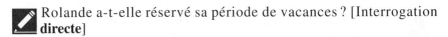 Rolande a-t-elle réservé sa période de vacances ? [Interrogation **directe**]

Je te demande si Rolande a réservé sa période de vacances. [Interrogation **indirecte**]

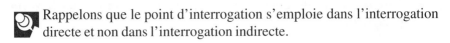 Rappelons que le point d'interrogation s'emploie dans l'interrogation directe et non dans l'interrogation indirecte.

Autres exemples :

Pourquoi marches-tu la tête si haute ? [Interrogation **directe**]

Je te demande pourquoi tu marches la tête si haute. [Interrogation **indirecte**]

Qui a bien pu vous rapporter ces paroles ? [Interrogation **directe**]

Je me demande qui a bien pu vous rapporter ces paroles. [Interrogation **indirecte**]

Dans l'interrogation directe, on remarque souvent une inversion du sujet ainsi qu'un point d'interrogation. Dans l'interrogation indirecte, il n'y a pas d'inversion du sujet ni de point d'interrogation, mais l'ajout d'une proposition principale pour amener l'interrogation indirecte.

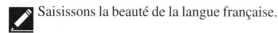ORMES DE LA PROPOSITION (TOURS DE PHRASE)

Pour assurer un style varié et élégant, il faut éviter de toujours employer la même forme, la même tournure dans toutes les phrases.

Une proposition peut prendre quatre formes différentes :

• **La proposition déclarative peut être affirmative ou négative.**

– **La proposition affirmative** affirme un fait. Elle est positive :

 J'ai saisi toute la beauté de la langue française.

– **La proposition négative** nie un fait. Elle est négative :

Je n'ai pas compris les notions de base en français.

• **La proposition impérative sert à conseiller ou à commander :**

 Saisissons la beauté de la langue française.

• **La proposition interrogative contient une interrogation directe :**

 Saisissons-nous la beauté de la langue française ?

• **La proposition exclamative contient une exclamation, l'expression d'un sentiment :**

Comme elle est belle, la langue française !

On pourrait ajouter une autre forme d'expression, soit la **phrase comparative** et la **phrase citative**. La première sert à comparer deux ou plusieurs êtres animés ou inanimés ; la deuxième permet de citer les paroles de quelqu'un. Ces deux formes sont toutefois comprises dans la forme déclarative.

 Le baseball, comme le hockey, est un sport populaire.
Archimède disait : « Donnez-moi un point d'appui et je soulèverai la Terre. »

Toutes ces notions sur la phrase devraient nous inciter davantage à lire les œuvres magnifiques de nos écrivaines et écrivains francophones. La lecture de ces œuvres facilitera l'apprentissage des bases grammaticales. Et le goût d'écrire se développera petit à petit. Bon français à tous !

Aide-mémoire orthographique et grammatical

à/a
À est une préposition qui amène un complément.

Je vais à l'école.

A est la 3ᵉ personne du singulier du verbe *avoir* à l'indicatif présent.

Il a du succès.

accent
Les accents indiquent, en règle générale, la prononciation des voyelles.

* **accent aigu**

  L'accent aigu se met sur la plupart des **e** fermés qui ne sont pas suivis des lettres **z** [*chantez*], **r** [*chanter*], **f** [*clef*], **d** [*pied*]: *la sévérité, la bonté, des paniers percés.*

* **accent grave**

  L'accent grave se met sur les **e** ouverts à la fin d'une syllabe: *une mère fière*, ou devant un **s** final: *succès, accès, dès.* L'accent grave se met aussi sur **a** et sur **u**: *déjà, là, çà, où.*

* **accent circonflexe**

  L'accent circonflexe se met sur l'ensemble des voyelles longues qui, anciennement, étaient suivies d'un **s**: *fête* pour *feste*; *hôpital* pour *hospital*; *dîner, brûler, crû, naître*, etc.

aie/ait
Aie est la 2ᵉ personne du singulier du verbe *avoir* à l'impératif.

Aie *tous les bagages prêts dès ce soir.*

C'est aussi la 1ʳᵉ personne du singulier du subjonctif présent.

Il faut que j'aie le temps de réfléchir.

Ait est la 3ᵉ personne du singulier du verbe *avoir* au subjonctif présent.

Il faut qu'elle ait le temps de réfléchir.

apostrophe
L'apostrophe marque la suppression de la voyelle **a, e** ou **i** dans les mots *le, la, je, me, te, se, de, que, ce, si*, ou devant un mot commençant par une voyelle ou un **h** muet: *l'homme, l'amitié.* On l'emploie aussi dans certains mots comme *jusqu'à, jusqu'en, presqu'île, quelqu'un, qu'il, qu'elle.*

On l'emploie avec les mots *lorsque, puisque, quoique*, mais seulement devant *il, ils, elle, elles, on, un, une*: *lorsqu'il, puisqu'elle, lorsqu'on.*

à travers / au travers
À travers suppose un passage, une ouverture.

J'ai passé mon bras à travers les barreaux de la fenêtre. J'ai couru à travers champs.

Au travers suppose un obstacle.

La balle est passée au travers de la vitre. J'ai survécu au travers des périls.

aucun
Aucun s'écrit au singulier, sauf quand il accompagne un nom qui n'a pas de singulier: *Aucuns frais; aucunes funérailles.* Toutefois, nous dirons: *Elle n'a fait aucune faute dans sa dictée.*

campagne
L'expression *à la campagne* indique le lieu.

Je m'en vais à la campagne.

L'expression *en campagne* signifie *en action.*

Nous sommes en campagne électorale. Les soldats partent en campagne.

ça/ç'a/çà/sa
Le mot *ça* prend la cédille pour que le **c** se prononce comme un **s**.

Ça signifie *cela*: *Ça débute maintenant. Ç'a débuté hier* [langue populaire].

Errer çà et là. [Adverbe de lieu signifiant *ici et là*.]

C'est sa photo. [Adj. possessif]

-cant/-quant
Communicant [adjectif]; *communiquant* [participe présent du verbe *communiquer*].

Convaincant [adjectif]; *convainquant* [participe présent du verbe *convaincre*].

Fabricant [nom]; *fabriquant* [participe présent du verbe *fabriquer*].

ce/se

Ce, adjectif ou pronom démonstratif, détermine ou remplace le nom.

> *Ce travail est intéressant. Je fais ce qui me plaît.*

Se est un pronom personnel à la 3e personne du singulier ou du pluriel. Il veut dire *soi* ou *eux*.

> *L'employé se félicite de ses succès.*
> *Les employés se félicitent de leurs succès.*

cédille

La cédille s'inscrit sous le **c** devant **a**, **o**, **u** pour que le c se prononce comme un s.

> *Remplaçable, leçon, reçu.* [Mais : *capable, flocon, reculer.*]

c'est/s'est/ces/ses/sait/sais

> *C'est arrivé cette semaine.* [*Ce* signifie **cela**, pronom démonstratifs neutre.]
> *Il s'est blessé en jouant.* [Le verbe pronominal : *se blesser.*]
> *Ces bottes que je te montre appartiennent à Louise.* [Adj. démonstratif]
> *Mélanie a retrouvé ses amis à la discothèque.* [Adj. possessif]
> *L'apprenti sait ce qu'il doit faire.* [Verbe *savoir*, 3e pers. sing., ind. prés.]
> *Tu sais ce que tu veux.* [Verbe *savoir*, 2e pers. sing., ind. prés. *Ce*, pronom démonstratif neutre.]

chacun

> **Chacun** *doit faire un effort.* [Pronom indéfini remplaçant le nom]

chaque

> *Chaque individu doit faire un effort.* [Adjectif indéfini]
> *Chaque accompagne le nom. Il est toujours du singulier.*

content/comptant

> *Content* [adjectif] ; *comptant* [participe présent du verbe *compter*].

croit/croît

> *Elle* **croit** *en son étoile.* [Verbe *croire*]
> *Elle* **croît** *en sagesse et en âge.* [Verbe *croître*]

dans

Les prépositions *dans, sur, sous, hors* amènent un complément.

> *Elle range le linge dans l'armoire. Il met le vase sur la table. Elle regarde sous le divan. Il est hors de lui.*

davantage/d'avantages

Davantage ne doit pas être suivi d'un complément avec *que*. Il signifie *plus* et ne s'emploie pas pour *le plus*.

> *J'ai de l'argent, mais il en a* **davantage** [plus].

On ne dira pas : *Il a davantage de renseignements que moi*, mais plutôt :

> *Il a* **plus** *de renseignements que moi.*

Avantages est l'antonyme de *inconvénients*.

> *Cette solution comporte plus d'avantages : c'est pourquoi nous la favoriserons* **davantage**.

dedans

Les adverbes *dedans, dessus, dessous, dehors* n'ont pas de compléments.

> *Il entre* **dedans**. *Elle sort* **dehors**. *Il le met* **dessus**. *Elle le place* **dessous**.

derrière

Voir *devant*. Même explication.

devant

> **Devant** est adverbe de lieu :
> *Passez devant.*
> **Devant** est préposition :
> *Passez devant moi.* [Devant qui ? Devant moi. *Devant* amène un complément.]

différent/différend

L'adjectif *différent* fait, au féminin, *différente*. Le nom *différend* signifie **désaccord**.

> *Régler un* **différend**.

dont

Avec les verbes qui indiquent une idée de sortie ou d'extraction, on emploie *dont* pour représenter des personnes.

> *Les familles* **dont** *vous descendez…*

d'où

Avec les verbes qui indiquent une idée de sortie ou d'extraction, on emploie *d'où* pour désigner des choses.

> *La ville d'où vous venez; la maison d'où vous sortez.*

Pour annoncer la conclusion d'un texte ou d'une discussion, on emploie *d'où* et non pas *dont*.

> *J'ai compris son raisonnement d'où je conclus que la discussion est terminée.*

du/dû/due

Article défini contracté ou partitif, mis pour *de le*.

> *C'est le fils du réalisateur.*

Participe passé du verbe *devoir* au masculin.

> *Tu n'aurais pas dû.*

Participe passé du verbe *devoir* au féminin.

> *Une somme due.*

duquel/auquel

Quand il s'agit de choses, on remplace *à qui* et *de qui* par *auquel* et *duquel* ou *dont*.

> *Les études auxquelles je m'intéresse sont surprenantes.*
> *L'arbre duquel je suis tombée a été abattu.*

es/est/aie, aies, ait, aient

Es est la 2e personne du singulier du verbe *être* à l'indicatif présent.

> *Tu es à la recherche d'un emploi d'été.*

Est est la 3e personne du singulier du verbe *être* à l'indicatif présent.

> *Il est attentif aux explications du professeur.*

Que j'aie : verbe *avoir*, 1re personne du singulier, subjonctif présent.
La prononciation est le son [ɛ].

> *Il faut que j'aie, que tu aies, qu'il ait, qu'ils aient le temps.*

fond / fonds

Le verbe *fondre : La neige fond. Je fonds* [*je maigris*].

> *Sur le tremplin il voyait bien le fond de la piscine.*
> *Au fond* [*en réalité*], *elle avait raison.*

Un capital : *J'ai placé mon argent dans un fonds de commerce* [*un établissement commercial*].

j'ai / que j'aie

J'ai : verbe *avoir*, 1re personne du singulier, indicatif présent.
La prononciation est le son [é].

> *J'ai faim.*

la / l'a

La, déterminant, devant un nom :

> *La note était parfaite.*

La, pronom personnel, devant un verbe au temps simple :

> *Cette adresse, il la note immédiatement.*

L', pronom personnel devant un verbe au temps composé :

> *Cette adresse, il l'a notée hier.*

le / la / les

Déterminants articles, placés devant le nom, ils indiquent le genre et le nombre des noms qu'ils précèdent.

> *Le soir, la nuit, les astres.*

les (article)

L'article détermine le nom.

> *Les sports occupent tous mes loisirs.* [*Les* détermine le nom *sports.*]

Pronoms personnels, placés devant le verbe, ils n'influencent pas le verbe. Le verbe s'accorde toujours avec son sujet.

> *Ces sports, je les pratique quotidiennement.* [*Pratique* a comme sujet *je*, 1re personne du singulier : *je pratique.*]

les (pronom)

> *Ces vieux meubles, je veux les vendre* [et non *vendrent* : le verbe *vendre* n'est pas conjugué et n'a pas de sujet; il est à l'infinitif, donc il est invariable. *Les* est pronom personnel. Il n'influence pas le verbe *vendre*; p. 57 : remarque].

l'es / l'est

> *En fait, pour être capable de réussir, tu l'es. D'ailleurs, Pauline l'est autant que toi.* [Dans les deux cas, nous avons le verbe *être* à l'indicatif présent. **L'**, dans ces phrases, remplace « capable de réussir ».]

leur / leurs

Ces trois frères respectent leur père et leur mère.

[Il s'agit ici d'un seul père et d'une seule mère.]

Si l'on veut attirer l'attention sur la quantité ou la variété des détails, on mettra le mot *leur* au pluriel.

*Sur **leurs** têtes, on apercevait des chapeaux de toutes sortes.*

lorsque

Lorsque ne prend pas d'apostrophe au début du mot. Si nous disons : *lorsqu'il viendra*, la lettre *e* sera élidée devant le mot *il* par euphonie.

l'un et l'autre

Autrefois, nous disions dans un exercice de français :

Je m'en vais ou je m'en vas : l'un et l'autre se dit ou se disent.

Habituellement, *l'un et l'autre* veut le verbe au pluriel.

l'un ou l'autre

Après *l'un ou l'autre* (choix), le verbe se met toujours au singulier.

L'un ou l'autre répondra.

ma / m'a

*Ma sœur **m'a** dit que tu es très gentille envers elle.*

Ma : adjectif possessif ; *m'a* : elle a dit à *moi* (*m'*).

Le verbe *dire*, au passé composé, a un COI : *m'* mis pour *me*.

mais / mes

*Mes amis sont contents de moi, **mais** ils sont très exigeants.*

Mes : adjectif possessif, pluriel de *mon* et *ma* ; *mais* : conjonction qui unit.

mon / m'ont / mont

*Mon plus grand succès de l'année a été l'escalade du mont Albert en Gaspésie ; beaucoup de gens **m'ont** félicité.*

Mon : adjectif possessif ; *m'ont* : ils ont félicité *moi* (*m'*) ; *mont* : nom commun.

naître

Le **i** prend un accent circonflexe devant le **t** du radical : *il naît, il naîtra.*

Il en est ainsi de *plaire* et de *connaître* : *il plaît, il connaît, il connaîtra.*

ne

Dans certaines expressions négatives, *ne* s'emploie seul.

*Il **ne** dort ni **ne** mange. Nul **n'**est censé ignorer la loi.*

ne... pas / ne... point

On peut marquer la négation au moyen de l'adverbe *ne* accompagné de *pas* ou de *point* : *Il **ne** répond **pas** ; il **ne** répond **point**.*

Pas nie moins fortement que *point*. Pour quelque chose de passager, on utilise *pas* ; *point* a quelque chose **d'habituel**.

*Elle ne sort **pas** ce soir. Elle ne sort **point** [ce n'est pas son habitude].*

ni / n'y

Ni est différent de *n'y*, comme on peut le voir dans l'exemple suivant :

*Je n'ai **ni** le temps **ni** l'argent. Donc, je **n'y** vais pas.* [je ne vais pas là (y)]

non / n'ont

*Quand on leur a dit **non** [négation], ils se sont fâchés. Ils **n'ont** [verbe avoir] pas su maîtriser leurs sentiments.*

notre / nôtre ; votre / vôtre

Notre, votre : adj. poss. ; *le nôtre, le vôtre* : pron. poss.

Votre effort est évident ; il se compare avec le nôtre.

on

Si nous avons parlé de plusieurs personnes auparavant, le pronom indéfini *on* peut amener un participe passé au pluriel.

*La dernière fois que j'ai vu mes amis, on était **allés** ensemble à Ottawa.*

on / ont

*On aimerait bien leur faire apprendre ce qu'ils **ont** oublié d'étudier.*

On : pron. indéf. ; *ont oublié* : passé composé.

on n'a / on a

On a le temps de jouer. On avait le temps de jouer. [Positif]
On n'a pas le temps de jouer. On n'avait pas le temps de jouer. [Négatif]

ou / où

Sans accent grave, *ou* est une conjonction qui signifie *ou bien*. Avec un accent grave, *où* est soit adverbe de lieu, soit pronom relatif.

Maison à vendre ou à louer. [Ou bien : conjonction]
La maison où je demeure est centenaire. [Pronom relatif]
Où demeurez-vous ? [Adverbe de lieu]

parce que / par ce que

Parce que est une locution conjonctive qui amène une subordonnée complément circonstanciel de cause.

J'ai travaillé durant l'été parce que je voulais me procurer une bicyclette.

Par ce que signifie *par la chose que*.

Par ce que tu me dis, je crois comprendre que tu ne seras pas avec nous demain. [Par la chose que tu me dis, par la réponse que tu me fais, par l'information que tu me donnes.]

peu / peux / peut

Peu signifie *pas beaucoup* ; *peux* et *peut* sont deux formes du verbe *pouvoir*.

Il a peu d'argent, mais je peux l'aider lorsqu'il ne peut pas payer son loyer.

peut-être / peut être

Elle rencontrera peut-être [adverbe indiquant une possibilité] *des obstacles, mais je doute fort qu'elle abandonne : je sais à quel point elle peut* [verbe *pouvoir*] *être tenace.*

plupart (la)

Sans complément : le verbe se met au pluriel.

La plupart respectent l'opinion publique.

Avec un complément au pluriel, le verbe se met au pluriel.

La plupart des gens respectent l'opinion publique.

Avec un complément au singulier, le verbe se met au singulier.

La plupart du monde respecte l'opinion publique.

Plus d'un, moins de deux

Sujets du verbe.

Plus d'un enfant recherche la sécurité.
Moins de deux années se sont écoulées depuis ce sinistre

plutôt / plus tôt

En un seul mot, *plutôt* marque la préférence.

Choisissez ce veston plutôt que celui-là.

En deux mots, *plus tôt* est l'opposé de *plus tard* :

C'est fête : arrivez plus tôt et vous quitterez plus tard.

possible (s)

En règle générale, *possible* est adjectif et s'accorde avec un nom.

Prenez tous les moyens possibles pour mieux réussir.

Possible, précédé d'un superlatif [*le plus, le moins, le mieux*], est une locution adverbiale invariable.

Faites le plus d'efforts possible [le plus d'efforts qu'il soit possible de faire].

près de / prêt à

Près de est une locution prépositive signifiant *proche de* ou *sur le point de*.

La ville de Dieppe se trouve près de Moncton, au Nouveau-Brunswick.
Nous ne sommes pas près de renoncer à nos droits.

Il ne faut pas confondre cette locution avec l'adjectif *prêt* suivi de la préposition *à*.

En politique, il faut être prêt à tout.

quand / quant / qu'en

Quand est une conjonction qui signifie *lorsque*.

J'irai lui rendre visite quand je serai moins occupée.

Quand est un adverbe qui signifie *à quel moment*.

Quand viendras-tu nous rendre visite ?

Quant à est une locution prépositive qui signifie *pour ce qui est de*.

Tu peux y aller ; quant à moi, je préfère rester à la maison.
Je peux le rencontrer ; quant aux autres, j'attendrai quelque temps encore.

Qu'en veut dire *que en*, ou *seulement en*.

Ils croyaient qu'en Amérique ils feraient fortune.

Je ne le verrai qu'en septembre prochain [seulement en septembre].

quoique / quoi que

En un mot, *quoique* signifie *bien que*.
Quoique je fasse mon possible, je ne puis mieux réussir.
En deux mots, *quoi que* signifie *quelle que soit la chose que :*
Quoi que vous disiez, vous aurez tort.

sans / s'en /cent / sang

Il est impossible de donner **cent** [adjectif numéral] fois de son **sang** [nom] **sans** [préposition] **s'en** [pron. réfléchi et pron. pers.] apercevoir.

soit

Soit est une conjonction, donc invariable, lorsqu'il a le sens de «supposons», de «ou» ou de «c'est-à-dire».
Soit deux résultats contradictoires.
J'y allais soit le matin, soit le soir.
Il nous faut de quoi acheter deux billets, soit cent dollars.

son / sont

Son [adjectif possessif] *activité et ses succès* *sont* [verbe] *une garantie de ses efforts.*

ta / t'a

Ta [adjectif possessif] *robe est superbe ;* *elle t'a* [verbe *avoir* précédé de *t'*, mis pour *toi*] *sûrement coûté cher.*

ton / t'ont

Ton est un adjectif possessif.
Ton ardeur m'encourage.
T'ont, c'est le verbe *avoir* précédé de *t'*, mis pour *te*.
Tous ceux qui t'ont déjà aidé t'ont laissé tomber ensuite.
[Ceux qui ont aidé *t'*, mis pour *toi*, ont laissé tomber *t'*, mis pour *toi*].

trait d'union

Le trait d'union sert à lier deux ou plusieurs mots : *Allez-y, moi-même, arc-en-ciel, chef-lieu.* On emploie aussi le trait d'union dans certaines formes de phrases.
•Forme interrogative : *Peut-on... ? Est-ce... ? Puis-je... ?*

•Forme impérative : *Montrez-nous. Montrez-nous-en.*
Toutefois, si les pronoms personnels sont compléments d'un autre verbe qui suit, et non pas de l'impératif, on ne les joint pas par le trait d'union. *Voici son billet : veuillez le lui donner* [*le* et *lui* sont compléments du verbe *donner*].
Mon chez-moi : ma demeure. Je reviens chez-moi. [compl. circ. de lieu].

tréma

Le tréma se met sur la voyelle **e, i** ou **u** pour faire prononcer séparément la voyelle qui la précède.
Ainsi, la prononciation des mots *ciguë, Saül, Moïse, haïr* devient différente dans les mots semblables : *ligue, Paul, Moisi, pair.*
Certains mots hébreux en **-aël** et **-oël** prennent le tréma sur le **e** bien qu'il ne soit pas nécessaire à la prononciation.
Israël, Raphaël, Noël, Joël.

un de ceux

L'expression *un de ceux* exige le verbe au pluriel.
Vous êtes un de ceux qui ont le mieux saisi l'explication.

un des

Après la locution *un des*, le verbe peut se mettre **au singulier ou au pluriel**.
Tu es un des jeunes qui songe à ton avenir.
Tu es un des jeunes qui songent à leur avenir.

voici / voilà

Les prépositions *voici* et *voilà* sont des contractions du verbe **voir** : «vois ici» et «vois là». *Voici* désigne ce dont on va parler ; *voilà* désigne ce dont on a parlé.

y

Y, pronom personnel, signifie *à cela* ou bien *à lui, à elle, à eux, à elles.*
Travaillez-y [à cela]. *Ne vous y fiez pas* [à elle].
Y, adverbe de lieu, signifie *là.*
J'y vais [je vais là].

Index